Höre auf dein Herz

40 Lerngedichte für Klein und Groß

Claudia Azizah Seise
Layla Kamil Abdulsalam

PLURAL
Köln 2024

PLURAL Publications GmbH
Colonia-Allee 3 | D-51067 Köln
T +49 221 942240-260 | F +49 221 942240-201
www.plural-publications.eu | info@plural-publications.eu

1. Auflage, Köln, Juli 2024

Autorinnen
Claudia Azizah Seise
Layla Kamil Abdulsalam

Illustration | Design | Satz
Elif Kesmen
Zeynep Güneş Başar

Druck
PLURAL Publications GmbH

ISBN: 978-3-949982-44-6

O unser Herr,
mehre unser Wissen,
schenke uns Verständnis
und lass unser Wissen
nützlich sein.

Inhaltsverzeichnis

Gedichte ab 12 Jahren

Vorwort der Autorinnen

Gedichte, die islamische Lehren und Themen transportieren, sind ein wichtiger Bestandteil der traditionellen islamischen (Aus-)Bildung. Sie wurden im Arabischen verfasst und durch Lehrer erklärt. Sie haben den Vorteil, dass sie in knapper und prägnanter Sprache wichtige Lehren vermitteln und gleichzeitig auch leicht memorierbar sind. Dabei sind die traditionellen arabischen Lehrgedichte keineswegs nur für Kinder gedacht. Im Gegenteil: Lehrinhalte reichen von Grundlagen bis hin zu sehr spezifischen fortgeschrittenen Lehrinhalten. Eine sehr bekannte Sammlung von Aphorismen sind die von Ibn Atâ Allah (1259-1310). Lehrgedichte wurden auch in anderen Sprachen verfasst. So haben z.B. die Walisanga, die neun Gottesfreunde, in Indonesien vom 14. bis 16. Jahrhundert auch gesungene Gedichtformen genutzt, um religiöse Werte und Lehren zu vermitteln. Auch im türkisch- und persischsprachigen Kulturraum gibt es zahlreiche Beispiele von Lyrik, die als Lehrgedichte im weiteren Sinne verstanden werden können, da sie religiöse und spirituelle Lehren und Weisheiten vermitteln. Hodscha Ahmed Yesevî, Yunus Emre oder Mawlânâ Dschalâladdîn ar-Rûmî gehören zu den bekanntesten Beispielen dafür.

Die deutsche Kultur kann ebenso auf ein reiches Erbe an Literatur und vor allem Lyrik blicken. Auch hier haben nicht wenige Dichter spirituelle Texte oder Texte, in denen sie ihre religiösen Erfahrungen verarbeitet haben, geschrieben. Novalis ist dafür ein interessantes Beispiel. Doch auch Goethe, Hölderlin und andere hatten gemein, dass sie schöne Sprache vermittelt haben und durch ihre Sprache die menschliche Seele angesprochen und berührt haben.

Die muslimische Tradition der Lehrgedichte und das deutsche literarische Erbe haben uns inspiriert, das muslimische Genre der Lehrgedichte in den deutschen Kulturraum zu

übertragen und ähnliche Gedichte auf Deutsch zu schreiben. Wir nennen unsere Gedichte jedoch Lerngedichte, da wir selbst noch Lernende sind und sie außerdem zum gemeinsamen Lernen anregen sollen. Wir wollen nicht nur religiöse und spirituelle Lyrik schreiben, sondern mit unseren Texten islamische Lehren vermitteln. Besonders wichtig ist uns dabei die junge Generation von Muslimen und ihre Eltern, Lehrer und Erziehungsverantwortlichen anzusprechen, um ihnen durch unsere muslimischen Lehrgedichte in deutscher Sprache auch ein Gefühl von (sprachlicher) Heimat zu vermitteln und zu zeigen, dass Deutsch genauso eine Sprache sein kann, die für muslimische Lehrinhalte und spirituelle Gefühle genutzt werden kann wie Sprachen aus muslimischen Mehrheitsgesellschaften. Es ist auch das Streben nach mehr Schönheit in unserer zeitgenössischen Sprache, das uns inspiriert, die Gattung der Lyrik zu wählen, um so das Erbe unserer deutschen Schriftsteller-Vorfahren in unserer heutigen Zeit fortzuführen und mit unseren Texten die Herzen der Menschen anzusprechen.

Wodurch zeichnet sich das Buch aus?

Das Buch verbindet deutschsprachige Lyrik mit einem pädagogischen/didaktischen Anspruch und legt somit die ersten Lehrgedichte zu islamischen Themen auf Deutsch vor. Somit wird nicht nur islamisches Wissen vermittelt, sondern auch die Schönheit der deutschen Sprache.

Welche Themenbereiche werden abgedeckt?

- Fünf Säulen des Islams
- Natur als Inspiration für Îmân
- Nähe zu Allah
- Zikr/Gottgedenken
- Ahlâk (das schöne Benehmen)
- Spiritualität
- Freundschaft/Beziehungen

Zielgruppe

- Familien
- Moscheen
- Gemeinde
- Lehrende für islamischen Religionsunterricht

Mögliche Aktivitäten

- Auswendiglernen und Vortragen
- Lieder zu bekannten deutschen Kinder- und Volksliedmelodien/ Volksliedern, z.B. zu der Melodie von „Der Winter ist vorüber" und „Alle meine Entchen"
- Spaziergänge
- Basteln/Kreatives
- Darstellerisches
- Malen/Ausmalen
- Fragen zur Reflexion

Die 40 Gedichte sind in drei Alterskategorien eingeteilt (s. Inhaltsverzeichnis). Die erste Kategorie ist ideal für Kinder ab **5 Jahren**. Die zweite Kategorie spricht Leser ab **8 Jahren** an. Für diejenigen, die nach etwas Anspruchsvollerem suchen, gibt es die dritte und letzte Kategorie. Diese ist für Jugendliche ab **12 Jahren** gedacht. Die Einteilung in Altersklassen dient nur als Angebot und Orientierung – alle Gedichte können von Menschen jeden Alters genossen werden.

Claudia Azizah Seise

Layla Kamil Abdulsalam

HÖRE AUF DEIN HERZ

Höre, was dein Herz
dir sagt,
denn es schlägt
Allah, Allah, Allahu, Ya Allah.

Höre, was dein Herz
dir sagt,
mal leise und mal laut,
denn es ruft
Allah, Allah, Allahu, Ya Allah.

Allah, Allah, Allahu Ya Allah
Höre, was dein Herz dir sagt,
denn es schlägt Allah, Allah.

Höre, was dein Herz
dir sagt,
es weist dich ja zum Guten,
denn es spricht
Allah, Allah, Allahu, Ya Allah

Höre, was dein Herz
dir sagt,
es rät dir ja vom Schlechten,
denn es raunt
Allah, Allah, Allahu, Ya Allah.

Allah, Allah Allahu, Ya Allah
Höre, was dein Herz dir sagt,
denn es schlägt Allah, Allah.

Höre, was dein Herz
dir sagt,
erinnert dich ans Beten,
denn es singt
Allah, Allah, Allahu, Ya Allah.

Höre, was dein Herz
dir sagt,
bestärkt dich auch zu spenden,
denn es pocht
Allah, Allah, Allahu, Ya Allah.

Allah, Allah Allahu Ya Allah
Höre, was dein Herz dir sagt,
denn es schlägt Allah, Allah.

Höre, was dein Herz
dir sagt,
die Alten sollst du ehren,
denn es klingt
Allah, Allah, Allahu, Ya Allah.

Höre, was dein Herz
dir sagt,
den Waisen viel zu helfen,
denn es weint
Allah, Allah, Allahu, Ya Allah.

Allah, Allah, Allahu, Ya Allah
Höre, was dein Herz dir sagt,
denn es schlägt Allah, Allah.

Claudia Azizah Seise

AKTIVITÄT

Das Gedicht kann nach dem Lied „Der Winter ist vorüber“ gesungen werden.

NACH DEM GEBET

Nach dem Gebet
zähl' eins, zwei, drei bis 33
Subhânallâh!
Preis' Allah! Alles Lob gebührt nur Ihm.
Er ist frei von allen Fehlern.
Perfekt und rein.
In Gedenken an Ihn soll dein Herz sein.

Nach dem Gebet
zähl' eins, zwei, drei bis 33
Alhamdulillâh!
Aller Dank gehört Allah!
Der uns versorgt ein' jeden Tag.
Beschenkt mit Regen und mit Sonnenschein.
In Gedenken an Ihn soll dein Herz sein.

Nach dem Gebet
zähl' eins, zwei, drei bis 33
Allâhu akbar!
Allah ist groß!
Und Er ist größer als Sorgen, Streit und Not.
Beschützt uns tagaus-tagein
In Gedenken an Ihn soll dein Herz sein.

Claudia Azizah Seise

AKTIVITÄT

Bastelt eine Gebetskette (Tasbîh) mit 33 Kugeln. Ihr könnt verschiedene Kugeln kaufen oder die Kugeln selbst machen; z.B. aus Fimo oder Kastanien. Dann legt euch eure selbstgemachte Tasbîh zum Gebet hin, damit ihr nicht vergesst, nach dem Gebet an Allah zu denken.

AUF DEN ABEND FOLGT DIE NACHT

Auf den Abend folgt die Nacht,
in herrlicher Pracht,
in herrlicher Ruh,
schließ die Augen fest zu.
Morgen früh, inschallah,
sprich alhamdulillâh,
morgen früh, inschallah,
sprich alhamdulillâh.

Auf den Abend folgt die Nacht,
umhüllt und bewacht,
umhüllt und bedeckt,
bis der Morgen uns weckt.
Morgen früh, inschallah,
sprich alhamdulillâh,
morgen früh, inschallah,
sprich alhamdulillâh.

Auf den Abend folgt die Nacht,
uns schützt Deine Macht,
uns schützt Deine Gunst,
Dir zu dienen die Kunst.
Morgen früh, inschallah,
sprich alhamdulillâh,
morgen früh, inschallah,
sprich alhamdulillâh.

Layla Kamil Abdulsalam

AKTIVITÄT

Der Abend und die Nacht sind Tageszeiten, die durch ihre Ruhe und Geborgenheit wirken. Wir spüren eher das Bedürfnis nach Gemeinschaft und Zuwendung. Das Gedicht kann zur Melodie „Guten Abend, gute Nacht“ von Johannes Brahms als Schlaf- oder Abendlied gemeinsam gesungen werden.

SIE PREISEN IHREN HERRN

Hör' die Vögel zwitschern,
sie preisen ihren Herrn.

Hör' die Winde wehen,
sie preisen ihren Herrn.

Hör' das Meeresrauschen,
es preist seinen Herrn.

Sieh die Blumen wachsen,
sie preisen ihren Herrn.

Sieh Schmetterlinge tanzen,
sie preisen ihren Herrn.

Hör' die Bienen summen,
sie preisen ihren Herrn.

Hör' dein Herzlein schlagen,
es preist deinen Herrn.

Deinen Herrn und Schöpfer.
Es preist deinen Herrn.
Deinen Herrn und Schöpfer.
Es preist deinen Herrn.

Claudia Azizah Seise

Dieses Gedicht basiert auf folgendem Koranvers aus der Sure 17, Aya 44:

Ihn preisen die sieben Himmel und die Erde, und wer in ihnen ist. Es gibt nichts, was ihn nicht lobpreist; ihr aber versteht ihr Preisen nicht. Gewiss, er ist nachsichtig und allvergebend.

Und auf Sure 24, Aya 41:

Siehst du nicht, dass (alle) Allah preisen, die in den Himmeln und auf der Erde sind, und (auch) die Vögel mit ausgebreiteten Flügeln? Jeder kennt ja sein Gebet und sein Preisen. Und Allah weiß Bescheid über das, was sie tun.

Singen

Dieses Lied kann nach der Melodie von „Alle meine Entchen" schon mit den Kleinen zusammen leicht nachgesungen werden. Es kann aber auch nach der Melodie von „Komm' lieber Mai und mache" gesungen werden.

ACHTSAMKEITSÜBUNG

Geht raus und versucht, dem Vogelgezwitscher aufmerksam zuzuhören und euch dabei bewusst zu machen, dass die Vögel mit ihrem Gezwitscher jetzt Allah lobpreisen und anbeten. Beobachtet bewusst die Blumen, schaut sie euch genau an und versucht zu fühlen, wie sie mit ihrem Dasein Allah lobpreisen und anbeten. Lauscht dem Wind oder den Regentropfen. Versucht dabei, das bewusste Wahrnehmen wirken zu lassen und in euch zu spüren.

DANKBAR SEIN

Allah ist es, Der mir Freuden schenkt.
Die Großen und die Kleinen.
Allah ist es, Der mein Leben lenkt.
Gibt Regen, lässt die Sonne scheinen.

Allah, Dem dank' ich früh und spät.
Für Großes und für Kleines.
Allah, Dem dank' ich - Er nicht zählt
die Gaben; hilft mir auch mit Steinen.

Dankbar bin ich für die Dinge,
die ich scheinbar gar nicht seh'.
Gesundheit, Lachen, ich kann singen.
Ein schönes Heim, Spazierengeh'n.

Ich danke Ihm für Frieden, Leben.
Für Wasser, Apfel, Schokolade.
Was meine Eltern mir gegeben.
Für Allahs Liebe, Seine Gnade.

Claudia Azizah Seise

ERKLÄRUNG

Dankbarkeit ist eine sehr wichtige Tugend im Islam. Je mehr wir Allah danken, desto mehr schenkt er uns von seiner Gnade und seinen Gaben. Wichtig ist es, uns bewusst zu machen, dass alles, was wir haben, von Allah ist. Unsere Gesundheit, unser Atem, unser Essen, unser Zuhause, unsere Familie und vieles mehr. Dass unsere Kinder die Schule oder den Kindergarten besuchen können, ist ein Geschenk von Allah. Dass wir in Frieden und Sicherheit leben können, ist ein großes Geschenk von Allah. Einer von Allahs Namen ist asch-Schakūr, der den Dank Annehmende.

AKTIVITÄT

Wofür bist du dankbar? Male die Dinge, für die du dankbar bist. Überlege dir drei Dinge, für die du dankbar bist, die aber im Gedicht nicht genannt werden. Erzählt euch gegenseitig, wofür ihr dankbar seid.

Freitag ist Blumentag

Freitag, da ist Blumentag,
weil ich Freitag so sehr mag.

Der beste Tag von allen sieben.
Was ist der Grund, dass wir ihn lieben?

Gott hat ihn als Feiertag bestimmt.
Wer zum Gebet geht in die Moschee, gewinnt.

Vorher ein Bad genommen,
oder gleich im Fluss geschwommen.

Die Fingernägel kurz geschnitten,
empfohlen vom Hochgelobten – gute Sitten.

Freitag, da ist Blumentag,
weil ich Freitag so sehr mag.

Leg' die besten Kleider an,
auch mit Schuhputzen bist du dran.

Vergiss auch nicht das Zähneputzen,
gute Gerüche sind auch von Nutzen.

Nimm aus der Spardose ein paar Münzen,
gib mit einem Lächeln, nicht mit Stirnrunzeln.

Freitag, da ist Blumentag,
weil ich Freitag so sehr mag.

Wenn du alles dies gemacht,
schenk' ein Lächeln, gute Tat vollbracht.

Vergiss auch nicht sehr viel zu spenden,
Segenswünsche für den Hochgelobten senden.

Stell' dir Blumen schön ins Haus.
Lass' nur gute Worte aus dem Mund heraus.

Sure Kahf aus dem Koran gelesen,
gibt Licht für eine Woche in dein Wesen.

Freitag, da ist Blumentag,
weil ich Freitag so sehr mag.

Claudia Azizah Seise

- Male oder gestalte ein Blumenbild.
- Gehe einen Blumenstrauß pflücken (oder kaufe einen) und verschenke ihn. Gestalte dazu eine Grußkarte, auf der steht „Freitag, da ist Blumentag".
- Sammle schöne Blumen und trockne oder presse sie.

NICHTS PASSIERT

Ich muss es gar nicht zeigen,
dass ich die Dame sah,
die schwer die großen Taschen trug.
Sie braucht wohl Hilfe, denk ich.
Und schaue schnell zum Fenster raus.
Keiner bemerkt's, ich merk's,
doch nichts passiert.

Ich muss es gar nicht zeigen,
dass ich das Mädchen sah,
das andre böse schubsten,
bis es zu Boden fiel.
Es braucht wohl Hilfe, denk ich
Und steck den Kopf ins Buch.
Keiner bemerkt's, ich merk's,
doch nichts passiert.

Ich muss es gar nicht zeigen,
dass ich den Mann dort sah,
der ohne alle Sinne
im Kalten draußen lag,
er braucht wohl Hilfe, denk ich,
und geh lieber vorbei.
Keiner bemerkt's, ich merk's,
doch nichts passiert.

Ich muss es gar nicht zeigen,
dass ich den Menschen sah,
der eine Hilfe bräuchte.

Keiner bemerkt's, ich merk's
es ändert was in mir.
Und helf ich dann
- wer weiß es schon -,
was Gutes dann passiert?

Layla Kamil Abdulsalam

ERKLÄRUNG

Im Gedicht geht es darum, dass es oft gar nicht auffällt, wenn man sich entscheidet, in einer Situation nicht zu helfen. Wenn ich also wegsehe, wenn ein Unrecht geschieht, fällt es vielleicht gar nicht auf und es passiert anscheinend nichts. Aber es passiert im Inneren des Menschen etwas. Auch wenn die anderen Menschen es nicht merken, ich selbst merke es und es verändert mein Herz. Es wird weniger verständnisvoll für andere Menschen. Das Ende des Gedichts stellt die offene Frage, was an Gutem passieren könnte, wenn man sich doch entscheidet, zu helfen.

AKTIVITÄT

Überlegt euch Situationen, in denen jemand Hilfe braucht und niemand hilft. Spielt diese Situation nach.

Spielt die gleiche Situation noch einmal, sodass ein Beobachter nun hilft und die Situation gut endet. Was könnte im Anschluss Gutes passieren? Spielt die Szene spontan weiter.

SEI WIE EIN BAUM

O mein liebes Kind,
diese Zeilen sind für dich,
um zu erklären dir
was deine Mutter - ich
von ihren Lehrern lernen durfte.
Ein paar Worte, die
so Gott es will,
dir helfen,
deinen Weg zu gehen
in diesem Leben
zu sehen,
die kleinen und großen Wunder.
Zu spüren Ihn und zu leben,
was Er für dich erwählt hat.

O mein liebes Kind,
sei wie ein Baum.
Eine Eiche, Buche oder Pappel,
eine Fichte, Kiefer oder Tanne,
ein Apfel- oder Birnenbaum,
ein Pflaumen- oder Kirschbaum.
Lass deine Wurzeln tief wachsen
in die Erde,
trinken das köstliche Nass darin.
Lass deinen Stamm gerade wachsen
gen Himmel.
Nimm den Stützstock,
den ich dir anbiete,
hilft er dir nicht umzuknicken,
wenn ein starker Wind kommt.

Lass deine Blätter wachsen,
erst zart und hellgrün,
dann kräftig und tiefgrün.
Verzeih' mir,
wenn ich dann einen dünnen Zaun
um dich baue,
damit die wilden Tiere
nicht deine frischen Blätter fressen.
Den kleinen Baum zerstören würden.

O mein liebes Kind,
sei wie ein Baum,
der anderen von Nutzen ist.
Dem kleinen Eichhörnchen,
den Bienen und Schmetterlingen,
den hungrigen Staren,
den naschenden Kindern,
den Kranken und Bedürftigen.
Streu' deine Früchte weit und breit.
Nähre die, die deine Früchte brauchen.
Versorge die, die nicht danach fragen.
Halt' etwas bereit für den Wanderer des Weges.
Sei freigiebig
mit deinen Früchten.
Lass sie nicht verderben.
Und halte auch ein paar für mich bereit.
Die, die dich gehegt hat
und gepflegt, die ganze Zeit.

O mein liebes Kind,
das Gleichnis des Baumes
soll dir helfen,
zu verstehen
dich selbst in dieser Welt.

Spende Schatten,
sei ein Blätterdach,
für die, die deinen Schutze brauchen.
Die Schwachen, Einsamen und Kranken,
die Irrenden, Verwahrlosten und Armen,
doch auch für die,
die scheinbar alles haben
und trotzdem Leere spüren.
Erinnere sie an unseren Schöpfer.

O mein liebes Kind.
Da ich dir nun beschrieb,
wie du sein kannst,
wie ein Baum,
so wisse auch,
dass es noch andere Bäume gibt.
Behandle sie gut.
Brich ihnen keine Zweiglein ab.
Ritze nicht Namen in ihre Rinde ein.
Reiße nicht ihre frischen Blätter ab.
Begegne ihnen mit Freundlichkeit
und Liebe.
Zerstöre nicht ihre jungen Triebe.
Iss von ihren Früchten,
doch lass den anderen auch davon.
Und sollten ihre Früchte
dir nicht bekommen,
ja giftig sein,
so lass sie hängen.
Geh' deines Weges - sage Frieden.
Und wisse, dass Gott einen jeden Baum
anders erschaffen hat.

O mein liebes Kind,
sei wie ein Baum,
von dem ein jeder nur Gutes bekommt.
Der standhaft ist
bei Wind und Regen.
Und selbst bei Schnee und Eis aufrecht steht.
Auch seine scheinbar toten Äste
können Nutzen bringen
als Feuerholz, Holzkohle,
als Bastelmaterial.
Er überdauert Liebe, Kriege,
Generationen.
Von Nutzen weit über seinen Tod hinaus.
Als Binderbalken in unserem Haus.
Als Schale für die Äpfel,
als Lauflernrad und Sekretär.

Sei wie ein Baum, mein liebes Kind.

Claudia Azizah Seise

AKTIVITÄT

Geht zusammen als Familie in den Wald oder in den Park und schaut euch die Bäume ganz genau an. Schaut euch genau den Stamm, die Äste, Zweiglein und Blätter an. Fasst die Rinde an, sammelt ein paar Blätter vom Boden auf. Und falls der Baum Früchte wie z.B. Eicheln oder Kastanien hat, dann sammelt auch davon ein paar. Schließt die Augen und konzentriert euch auf den Geruch des Baumes und hört dem Rauschen des Windes in den Blättern zu. Nehmt vielleicht auch eine Decke mit und setzt euch ein paar Minuten unter den Baum. Wie fühlt ihr euch in der Nähe des Baumes?

SEI WIE EIN VOGEL

Sei wie ein Vogel,
liebes Kind. Ein kleines Rotkehlchen,
eine Amsel, Drossel,
ein Eisvogel, Rotschwänzchen oder Spatz.

Sei wie ein Vogel,
liebes Kind, der seine Flügel breitet,
früh ausfliegt und am Abend wiederkommt.
Vertraut auf Gott,
seine Nahrung zu finden.

Sei wie ein Vogel,
liebes Kind, der in seinem kleinen Schnabel
Wasser trägt, einen Tropfen nur,
scheinbar unbedeutend.

Mit diesem Tropfen fliegt er,
das Feuer Namruds zu löschen.
Hin und her, fliegt er
und bringt Tropfen um Tropfen.
Das Feuer zu löschen,
in dem der Prophet Ibrâhîm saß.
Sei wie der kleine Vogel,
der mit seinem kleinen Schnabel
Wassertropfen brachte.
Der versuchte zu helfen,
so wie er konnte.

Sei wie ein Vogel,
liebes Kind, der wusste,
dass ein Wassertropfen
kein Feuer löschen kann.
Der dennoch flog
Und flog
Und flog
Und viele kleine Tropfen regnen ließ.

Sei wie ein Vogel,
liebes Kind, der wusste,
dass Gott ihn sieht.
Um jeden Flügelschlag weiß.
Jeden Tropfen,
schwer wie Flüsse, Seen, Ozeane aufwiegt.

Sei wie ein Vogel,
liebes Kind.

Claudia Azizah Seise

ERKLÄRUNG

Das Gedicht spricht die Wichtigkeit von guten Taten an, und seien es auch kleine. Mit Hilfe der Geschichte des Vogels, der Wassertropfen in seinem Schnabel trug, um seinen Beitrag zum Löschen von Namruds Feuer zu leisten. Der Prophet Ibrâhîm wurde in dieses Feuer geworfen, weil er nicht aufhörte, die Menschen zum Glauben an Allah einzuladen. Doch Allah hatte das Feuer für Ibrâhîm kühl gemacht, so dass es ihn nicht verbrannte. Die Kinder sollen durch dieses Beispiel lernen, dass jede gute Tat und scheint sie noch so klein, von Allah gesehen wird. Und wir unser Bestes geben sollen, so viele gute Taten wie nur möglich zu tun.

Ein zweiter wichtiger Punkt, den dieses Gedicht anspricht, ist die Suche nach Versorgung. In einem hassan Hadith von Ibn Mâdscha (4164; Buch 37 Hadith 65) berichtet Umar, dass er den Propheten Muhammad (Frieden und Segen mit ihm) sagen hörte, dass wir Vertrauen in Allah haben sollten wie die Vögel, die früh mit leerem Magen ausfliegen und abends mit vollem Magen zurückkehren.

Ein dritter Punkt, der besprochen werden könnte ist, wie Vögel fliegen. In der Sure 16, Aya 79, erwähnt Allah den Flug der Vögel und fragt, wer denn die Vögel in der Luft schweben lässt. Allah gibt auch gleich die Antwort: Es ist Allah, kein anderer, der sie in der Luft schweben lässt und es ist ein Zeichen für diejenigen, die nachdenken.

AKTIVITÄT

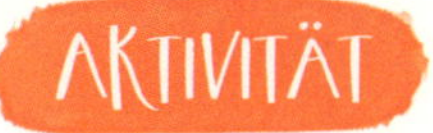

Überlegt euch Antworten zu folgenden Fragen:

- Welche gute Tat kann ich machen?
- Wie kann ich anderen helfen?
- Wer sorgt für mich in jedem Augenblick?
- Wen frage/bitte ich am besten, wenn ich etwas brauche?

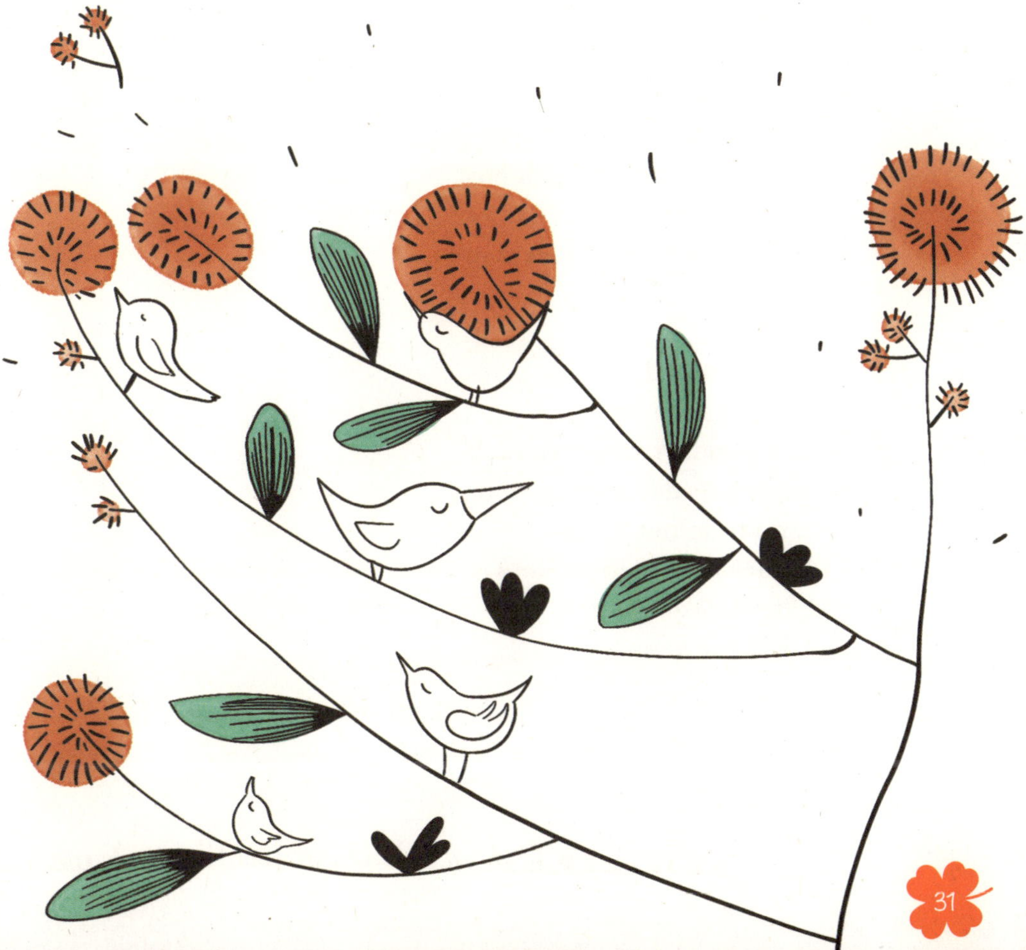

DER RICHT'GE FREUND

Such' den richt'gen Freund dir aus.
Lass nicht jeden in dein Seelenhaus.
Achte wohl, für wen du öffnest
Hof und Tor.
Musst wissen, du,
ein Mensch geht auf dem Wege seines Freundes.
Weicht der vom Wege ab,
so sieh dich vor.

Der schlechte Freund
ist wie der Rauch,
des Schmiedes Feuer.
So lehrte uns der Hochgelobte.
Sitzt du in seiner Nähe,
wird auch dein kleines Herz grau,
verbrennt.

Der gute Freund
ist wie der süße Duft,
des Parfümeurs zarter Geruch.
So lehrte uns der Hochgelobte.
Sitzt du in seiner Nähe,
wird auch dein kleines Herz
erfüllt mit Wohlgeruch
und duftend sein.

Ein Mensch geht auf dem Wege
seines Freundes.
Schreitet der voran
auf dem geraden Weg,
so folge ihm,
zu Gott.

Such' den richt'gen Freund dir aus.
Lass nicht jeden in dein Seelenhaus.
Gib Acht,
wen du zum Freund dir nimmst.

Claudia Azizah Seise

ERKLÄRUNG

Dieses Gedicht basiert auf folgendem Hadith unseres Propheten Muhammad (Segen und Frieden auf ihm): „Ein guter Freund gleicht einem Dufthändler. Entweder schenkt er dir von seinen Düften oder du kaufst ihm welche davon ab oder du vernimmst einen schönen Duft von ihm. Ein schlechter Freund hingegen gleicht einem Schmied. Entweder verbrennt er deine Kleidung oder du bekommst seinen schlechten Geruch ab."
(Buhârî, Hadith Nr. 5534)

In einem weiteren Hadith sprach der Prophet (Frieden und Segen auf ihm): „Der Mensch folgt der Religion seines Freundes. Deshalb achtet darauf, mit wem ihr Freundschaften schließt."
(Tirmizî, Zuhd, 45, Hadith Nr. 2378 und Abû Dâwûd, Adab, 19, Hadith Nr. 4833)

- Im Gedicht bezieht sich „Der Hochgelobte" auf den Propheten Muhammad (Frieden und Segen mit ihm).
- Im Gedicht wird, um den Gedichtcharakter zu wahren, nur Freund benutzt. Der Freund kann sich natürlich auch auf die Freundin beziehen.

AKTIVITÄT

Überlegt gemeinsam:

- Was macht für euch einen guten Freund oder eine gute Freundin aus?
- Wie muss ein guter Freund/eine gute Freundin sein?
- Wie sollte ein guter Freund/eine gute Freundin nicht sein?

DU BIST EIN TEIL

Wisse, o mein Kind.
Als Muslim bist du
ein Teil und auch ein Ganzes.

Du bist ein Teil
einer Familie.
Ein Bruder, eine Schwester
und auch ein Kind.

Ein jeder Muslim
ist dir Bruder, Vater, Onkel.
Eine jede ist dir
Schwester, Mutter, Tante.

Du bist ein Teil
und auch ein Ganzes.

Als Muslim bist du auch
ein Bein, ein Fuß oder ein Arm.
Muslime sind ein Körper.
Die Gemeinschaft ist ein Ganzes.

Als Muslim bist du
Rücken, Finger oder Herz.
Und wenn ein anderer Teil schmerzt,
so schmerzt auch du.

Du bist ein Teil
und auch ein Ganzes.

Drum pass auch auf die Anderen auf.
Auf deine Mutter, Schwester, Tante.
Ehre sie und steh' ihnen bei.
So auch dem Vater, Bruder, Onkel.

Und wenn ein anderer Teil schmerzt,
versuch' zu geben
Heilung, Trost
und einen Weg aus ihrer Not.

Wisse, o mein Kind.
Als Muslim bist du
ein Teil und wirst zum Ganzen
mit anderen, die glauben
so wie du.

Claudia Azizah Seise

AKTIVITÄT

Male oder zeichne ein Bild deiner Familie und deiner Freunde bei einer Aktivität, die ihr gerne zusammen macht.

Heute, morgen, übermorgen

Heute werde ich lachen,
morgen früh erwachen und
übermorgen tausend schöne Sachen machen.
Wer hält mich auf?

Heute werde ich von Allah geweckt,
morgen wird mein Tisch gedeckt und
übermorgen mein Talent entdeckt.
Brauche ich gar nichts tun?

Heute werde ich lachen und tausend schöne Sachen machen, wenn Allah es will.

Morgen werde ich den Tisch decken und die anderen wecken, wenn Allah es will.

Und übermorgen werde ich die Blumen gießen und das Wochenende genießen, wenn Allah es will.

Ich plane und Allah plant – Allah ist der beste Planer.

Layla Kamil Abdulsalam

ERKLÄRUNG

Inschallah ist ein Ausdruck dafür, dass man alles getan hat, um die eigenen Pläne zu verwirklichen und gleichzeitig anerkennt, dass für das Gelingen einer Sache Allahs Willen notwendig ist.

Diese Einstellung ist für die Einschätzung unseres eigenen Könnens einerseits und der Anerkennung von Allahs Allmacht andererseits unabdingbar. Wir können damit ausdrücken, dass wir zuverlässig sind, dass wir Verpflichtungen eingehen können und trotzdem Allah für uns entscheidet.

Für Kinder ist dieser Gedanke sehr wichtig: Sie drücken damit ihre eigene Selbstwirksamkeit aus. Sie können etwas selbst tun und alles Nötige dafür vorbereiten. Wenn es jedoch nicht gelingt, ist das kein Grund für Selbstzweifel.

Inschallah zu sagen, ist die Balance zwischen dem Gefühl der absoluten Unzulänglichkeit und Unfähigkeit einerseits und der absoluten Unabhängigkeit und Gottvergessenheit andererseits.

AKTIVITÄT

Schreibt ein Parallelgedicht. Überlegt euch dafür Dinge, die ihr gerne in Zukunft machen möchtet und schreibt die drei Strophen so um, dass es zu euch passt.

ODER

Tragt das Gedicht mit verschiedenen Sprecherrollen und Stimmen vor.

INSCHALLAH IST

Willst du morgen was besorgen,
hast auch alles schon geplant,
sage laut „inschallah“
oder leise nur für Dich.

Sage damit, dass du hältst,
das Versprechen, das du gabst,
dass man dir vertrauen kann
und du Ihm Vertrauen schenkst.

Zeige Gott auch,
dass du achtest
seinen Spruch -
sei er „Sei“
oder „Sei nicht“.

Inschallah ist
Planen,
Handeln
und
Vertrauen.

Layla Kamil Abdulsalam

ERKLÄRUNG

Wenn man etwas vorhat, dann gehört es dazu, dass man es einerseits plant und andererseits weiß, dass Allahs Willen entscheidet. Oft wird „inschallah“ benutzt, wenn wir „vielleicht“ oder „mal sehen“ meinen. Besser ist es, „inschallah“ zu benutzen, wenn wir etwas ganz fest vorhaben und auch alles tun, damit es Wirklichkeit wird.

AKTIVITÄT

Nimm dir etwas vor, das du in den nächsten Wochen machen möchtest. Überlege, was du alles vorbereiten und planen musst, damit dieses Vorhaben Wirklichkeit wird. Brauchst du von jemandem Hilfe? In welchen Schritten musst du es planen? Wie viel Zeit wirst du wahrscheinlich dafür brauchen? Schreib alles auf, was dir einfällt und stell es den anderen vor. Vielleicht haben sie noch Ideen, die dir helfen können. Bekräftige dein Vorhaben, indem du „inschallah“ sagst.

Gedenke Gottes oft

Gedenke Gottes oft,
beim Sitzen, Stehen, Liegen
wird es schwer wiegen
auf deiner Waage später mal.

Gedenke Gottes oft,
beim Öffnen, Schließen einer Tür
wird Bismillah dich führ'n
und Segen geben, Gottes Schutz.

Gedenke Gottes oft,
beim Treppensteigen, runtergehen
darf Allâhu akbar nicht fehlen
auch Subhânallâh nicht vergessen.

Gedenke Gottes oft,
wenn du beginnst das Lesen,
es kann verändern ja dein Wesen.
Drum gib gut Acht, was du neu lernst.

Gedenke Gottes oft,
beim Sitzen, Stehen, Liegen
und auch nach Lügen,
wenn du was falsch gemacht.

Gedenke Gottes oft.

Claudia Azizah Seise

AKTIVITÄT

Versuche beim Hoch- und Runtergehen der Treppen an Allah zu denken und bei jeder Stufe nach oben Allâhu akbar zu sagen und bei jeder Stufe nach unten Subhânallâh zu sagen.

ERINNERUNG

Steigst du eine Treppe auf,
setzest Schritt vor Schritt hinauf,
bitte Allah um die höchsten
Paradiesesstufen auch.

Steigst du sie wieder herab,
jeder Schritt führt dich herab,
bitte Ihn, dass Er dich schütze,
vom Sirât herabzufall'n.

Sitzt du mal in einem Schatten,
freust dich dieser frischen Kühle,
bitte Ihn, dass Er erlaube,
im Schatten Seines Throns zu steh'n.

Und in einer weißen Nacht
glänzt der Mond in Vollmondpracht,
lass mich, o Du Herr der Monde,
des Hochgelobten vollmondschönes Antlitz seh'n.

Sieh den stillen See dort liegen,
hier und da ein Entlein nur,
lass mich aus dem edlen Becken
Deines Hochgelobten schöpfen.

Und die große, alte Eiche,
wie lange sie wohl schon hier steht?
Lass meine Worte und die Taten
sein fest verwurzelt, himmelsstrebend.

Mit Erinnerung an Ihn,
geh durch die Welt und sieh darin,
wie alles doch in Seiner Schöpfung,
dich Seiner Nähe näher bringt.

Layla Kamil Abdulsalam

AKTIVITÄT

Suche dir ein Foto aus, das du selbst gemacht hast. Überlege, was dich daran an Allah erinnert. Erzählt euch gegenseitig eure Ideen und fragt auch die anderen, was sie in euren Bildern sehen.

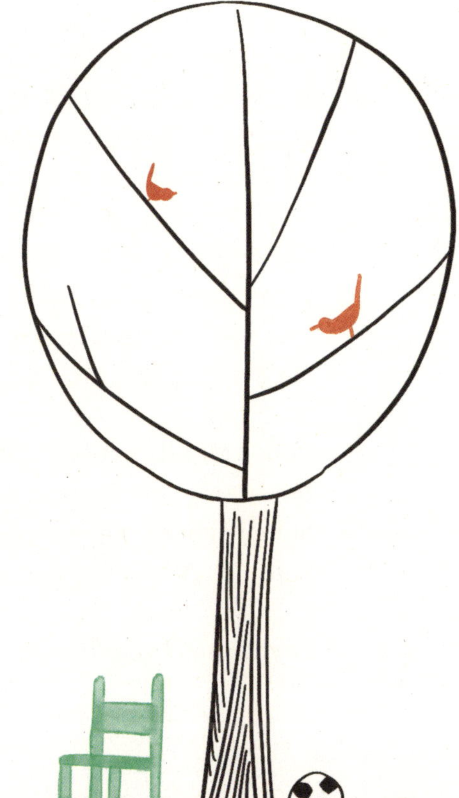

WEIßE NACHT

Weiße Nacht, weiße Nacht,
hab dich im Gebet verbracht
und davor den weißen Tag
mit dem Fasten zugebracht.

Voller Mond, voller Mond,
der am Himmel oben wohnt,
glänzend hell und rund bist du,
nimmst den Menschen die Schlafesruh.

Weiße Nacht, weiße Nacht,
wenn du leuchtest, bleib ich wach,
um den vollen Mond zu sehen,
wie er glänzt in voller Pracht.

Voller Mond, voller Mond,
wenn du aufgehst, stehst du groß,
klar und hell am Horizont.
Im Zenit in Himmels Schoß.

Voller Mond, weiße Nacht,
beide zeigt ihr Gottes Pracht.
Sehe ich euch vor mir stehen,
kann ich Allahs Gnaden sehen.

Layla Kamil Abdulsalam

ERKLÄRUNG

Weiße Tage sind die Tage in der Mitte des Mondmonats, wenn der Mond am vollsten ist. Es ist empfohlen, an diesen Tagen zu fasten. Die Beobachtung der Natur ist eine Möglichkeit, Staunen über Allahs Schöpfung in uns hervorzurufen und kann unseren Îmân stärken.

AKTIVITÄT

Bild im Stil von Van Goghs „Starry Night“ malen

Schaut im Kalender, wann das nächste Mal Vollmond ist und macht an diesem Tag einen Nachtspaziergang. Schaut euch den Mond an. Am besten geht ihr an einen ruhigen Ort in der Natur oder im Park. Wie ist die Stimmung?

SCHWARZE NACHT

Schwarze Nacht, schwarze Nacht,
suchend hab ich dich verbracht.
Lasse Licht und Lärm zurück,
such und find ein dunkles Stück.

Schwarze Nacht, schwarze Nacht,
suchend hab ich dich verbracht.
Will im Mondenlichte stehn
und den neuen Monat sehn.

Schwarze Nacht, schwarze Nacht,
suchend hab ich dich verbracht.
Wenn der Mond heut Abend lacht,
fasten wir nach dieser Nacht.

Schwarze Nacht, schwarze Nacht,
suchend hab ich dich verbracht.
Fein und zart wirst du geboren,
kündest offnes Edenstor.

Schwarze Nacht, schwarze Nacht,
suchend hab ich dich verbracht.
Herr der schwarzen, dunklen Nacht,
lass mich loben deine Pracht.

Layla Kamil Abdulsalam

ERKLÄRUNG

Am Anfang des Mondmonats ist der Mond als Neumond zu sehen. Als feine Mondsichel.

Vor allem zu Beginn des Ramadans aber auch vor dem Beginn jeden neuen islamischen Monats kann man sich auf die Suche nach dem Neumond machen.

AKTIVITÄT

Beobachtet den Mond in den nächsten Tagen und Wochen und versucht von der Mondform abzulesen, welcher Monatstag erreicht ist.

In dem Gedicht geht es darum, sich in der Nacht vor einem neuen Mondmonat auf die Suche nach dem Mond zu machen, dafür sucht man sich einen Ort, an dem es wenig Licht gibt. Dort wird es vermutlich auch sehr ruhig und besinnlich sein. Plant so einen gemeinsamen Ausflug, um den Mond zu suchen und die besondere Stimmung einer dunklen Nacht zu fühlen.

GEBAUT IST´S AUF FÜNFEN

Gebaut ist's auf Fünfen,
fünf Säulen, fünf Pfeilern
fünf grundlegend Festen,
sie trotzen den Stürmen,
den Fluten, dem Beben.

Die erste ist
des Glaubens Zeugnis,
dass Gott ist nur Einer,
Muhammad sein Letzter
Prophet von so vielen.

Die zweite ist
des Betens Freude
zu rechten Zeiten
und fünfmal täglich.

Die dritte ist
des Fastens Garten
im neunten Monat
solang ein ganzer Mond verstreicht.

Die vierte ist
des Besitzes Reinheit
den berechneten Teil
zu geben,
als Steuer, nicht Spende:
Dein Recht, meine Pflicht.

Die fünfte ist
der Hadsch zum Hause -
Erkenntnis erreichen
an heiligen Orten.
zu heiligen Zeiten.

Wenn eins nicht vorhanden,
kann dein Haus nicht bestehen.
Bei Winden und Stürmen,
wird's kippen, wird's brechen,
wird rutschen, zerschellen.

Gib acht auf die Fünfe,
lass sie stark sein und künde,
aller Welt von den Pfeilern,
die dein Hause beschützen,
vorm Zerschellen und Brechen.

Layla Kamil Abdulsalam

ERKLÄRUNG

Die fünf Säulen des Islams sind eine wichtige Grundlage für den Alltag eines Muslims. Dieses Gedicht erklärt sie und möchte ausdrücken, dass man sie stärken soll, damit das Haus nicht kaputtgeht. Wenn man also nur betet, ohne sich darauf zu konzentrieren, dann ist diese Säule nicht stark.

AKTIVITÄT

Bastelt aus Papier/Pappe fünf Rollen, auf die ihr die fünf Säulen schreibt. Legt etwas Schweres auf die fünf Säulen. Was passiert, wenn eine oder mehrere Säulen nicht stark sind, sondern ein bisschen eingeknickt? Probiert es aus. Ihr könnt die Säulen auch noch verstärken, damit sie mehr tragen können. Diese Verstärkung sind andere gute Taten. Schreibt ihre Namen auf die Rollen.

- Was passiert, wenn die Rollen nicht stark sind? Ihr könnt sie ein wenig einschneiden.
- Was bedeutet es, wenn eine der Rollen nicht stark ist?
- Wie kann man sie stärker machen?

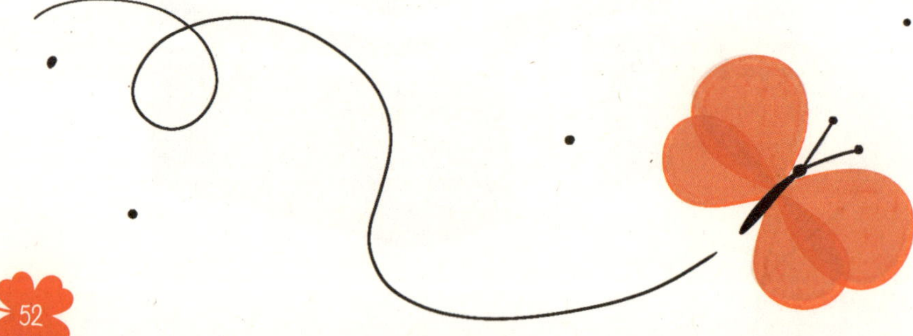

Befreie dein Herz

Abends im Bett,
bevor der Schlaf dich niederstreckt
befreie dein Herz
von Ärger, Rache und Schmerz.

Bevor du schließt die Augen,
spüre auf - die tauben
Wunden - Dunkelheit sie spenden
in dein Herz und deinen Händen.
Schau ein' jede genau an.
Lass sie gehen, vergib sodann.
Mach' dein Herze davon frei.
Schlaf befreit, ohne Neid
und ohne Ärger, Rache, Schmerz.
Sogleich erblüht das Menschenherz.

Sprich auch einen guten Wunsch
für den, dem du vergabst.
So dass des Wunsches Licht
dein eignes Herz macht licht.

Den Neid, den du gar spürtest.
Lass gehen, schau nach vorn - führtet
doch allen Segen die Urkraft
hin zu jedem - du selbst hast keine Macht
zu geben.

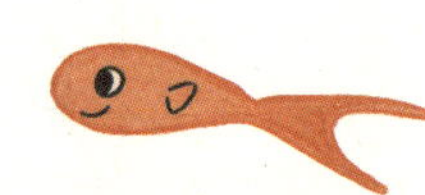

Bevor du schließt die Augen,
mach' dein Herze glauben,
dass alles dich erreicht,
was dir vorherbestimmt.
So ist es auch mit andern.
Tun wir doch alle wandern
Beständig hin zum letzten Ziel.

Claudia Azizah Seise

AKTIVITÄT

Setz dich in einer ruhigen Minute hin und denke an deinen Tag. Was ist an diesem Tag gut gelaufen? Was ist nicht so gut gelaufen? Worüber hast du dich gefreut? Was hat dich geärgert? Was hat dich vielleicht sogar wütend gemacht? Und warum hast du dich so gefühlt? Kannst du vielleicht die Auslöser sehen? Versuche nun die negativen Gefühle, die du noch in dir spürst, loszulassen, so dass sie dich nicht mehr stören. Siehst du vielleicht, was du das nächste Mal anders machen könntest, damit du dich nicht so ärgerst?

Diese Übung kannst du regelmäßig machen. Vielleicht jeden Abend vor dem Schlafengehen. Es wird dir helfen, näher zu Allah zu kommen und dein Herz auf die positiven Dinge zu fokussieren.

GEBETSSEGENSZEITEN

Wenn du eine Bitte hast,
die allein Allah gebührt,
wende dich an Ihn und bitte,
denn Er liebt es dir zu geben.

Willst du dein Gebet erhöhen,
denke an die rechten Zeiten,
zu denen Er's erhöht, erhört:

Wenn du dein Gebet verrichtest
und du den Azân gehört.
Wenn Regen sanft die Welt benässt,
wenn die Nacht sich langsam hebt,
wenn du vom segensreichen Zamzam trinkst.
Verborgen in der Freitagszeit,
im letzten Teil alljeder Nacht.
Wenn deine Stirn den Staub berührt,
wenn du des Hahnes Krähen hörst,
nachdem die Sonn' am höchsten steht.

Allah gibt dir,
ganz ungefragt,
- gelobt sei Er,
an jedem Tag
Gebetssegenszeiten.

Und gibt dir dann,
wenn du es willst,
- erhaben ist Er,
ein Handeln,
das dein Gebet noch erhöht.

Nimm, was Er dir reicht
und vermehre es noch:
Bitte Ihn bei Regen mit der Stirne im Staub,
bitte Ihn nach dem Gebet im letzten Drittel der Nacht,
bitte Ihn, wenn der Hahn kräht und du vom Zamzam trinkst.

Nimm, was Er dir reicht
und bitte Ihn,
dass es Ihn erreicht.

Layla Kamil Abdulsalam

ERKLÄRUNG

Es gibt jeden Tag Zeiten, zu denen das Bittgebet von Allah besonders erwünscht ist. Diese Zeiten schenkt Allah uns, ohne dass wir uns dafür bemühen müssen. Wir müssen sie nur nutzen und uns in dieser Zeit an Ihn wenden. Es gibt aber auch andere Zeiten, die abhängig sind von unserem Handeln. Wenn du im Gebet die Stirn auf den Boden legst oder nach dem Ritualgebet zum Beispiel. Diese Zeiten sind also abhängig von deinem Handeln. Wenn du nicht betest, gibt es diese Zeit nicht. Das ist eine ganz besondere Gnade. Wenn wir nämlich unsere Pflichten tun, dann beschenkt uns Allah damit, dass er uns Zeiten schenkt, in denen er unser Duâ ganz besonders erhört.

AKTIVITÄT

Versuche dein nächstes Duâ durch die richtigen Zeiten zu verstärken.

GEBETSABDRUCK

Verrichte dein Gebet
In deiner Zimmerecke
Gebetsabdruck.

Verrichte dein Gebet
Mit deiner Familie im Wohnzimmer
Gebetsabdruck.

Verrichte dein Gebet
In der Moschee – nah und fern
Gebetsabdruck.

Verrichte dein Gebet
Im Park, im Wald
Gebetsabdruck.

Verrichte dein Gebet
Am Strand, am Meer
Gebetsabdruck.

Wandre auf der Erde
Verrichte dein Gebet
Gebetsabdruck.

Wird sprechen
Jeder Flecken Erde,
den du berührtest
in der Niederwerfung.
Gebetsabdruck.

Claudia Azizah Seise

ERKLÄRUNG

Dieses Gedicht ist inspiriert von dem Hadith unseres Propheten Muhammad (Friede und Segen auf ihm):

„Die gesamte Erde wurde euch zur Moschee (Gebetsplatz) gemacht, außer Friedhöfe und Toiletten.“
(Tirmizî, 317)

AKTIVITÄT

Parallelgedicht schreiben:

- Wo kann man noch überall das Gebet verrichten?
- Wo würdest du gerne einmal beten?

Versucht doch einmal beim nächsten Spaziergang im Park, Wald oder Strand, ein kurzes Gebet zu verrichten.

- Wie fühlt es sich an, in der freien Natur zu beten?

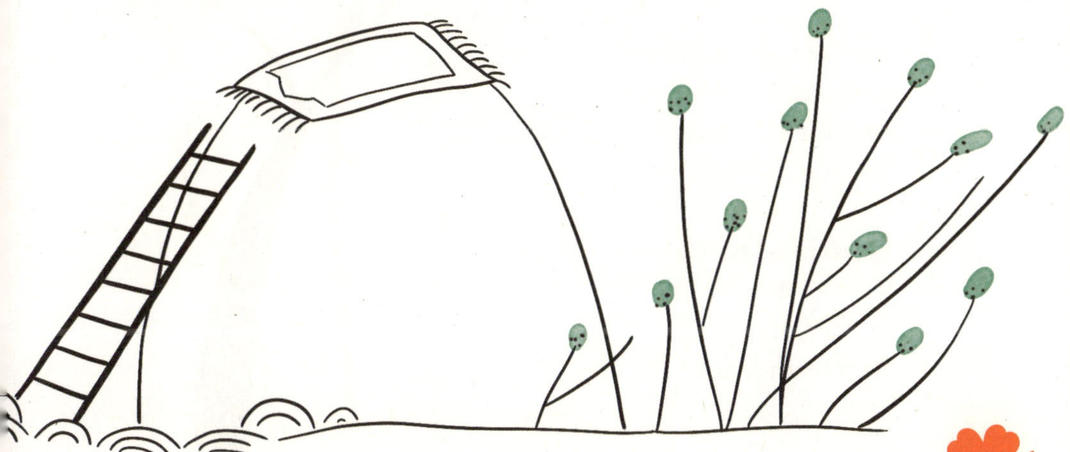

GEBETSEINDRUCK

Verrichte dein Gebet
auf weichem Teppich,
es wird dir Heimat.
Gebetseindruck.

Verrichte dein Gebet
in der Moschee,
es wird dir Familie.
Gebetseindruck.

Verrichte dein Gebet
auf Wald und Wiese,
es gibt dir Ruhe.
Gebetseindruck.

Verrichte dein Gebet
in Parks und Gärten,
es mehret die Schönheit.
Gebetseindruck.

Verrichte dein Gebet
an Strand und Meer,
es trägt dich fort.
Gebetseindruck.

Verrichte dein Gebet
hoch in den Bergen,
es wird dich erden.
Gebetseindruck.

Wandle auf Erden und
verrichte dein Gebet,
wohin du auch kommst.
Es lässt dich nicht unberührt,
es hinterlässt auf dir sein Zeichen.
Als Ruhe, als Schönheit, als Schmuck.
Gebetseindruck.

Layla Kamil Abdulsalam

ERKLÄRUNG

„Gebetseindruck" ist ein Antwortgedicht zu „Gebetsabdruck". Es sagt aus, dass das Gebet in uns Spuren hinterlässt. Die Art und Weise, wie wir beten, beeinflusst unser Wesen. Auch die Orte unserer Gebete können dies tun. Es ist ein Unterschied, ob wir in einem stillen Wald beten oder am Straßenrand.

AKTIVITÄT

Zeichne/ skizziere Betende in verschiedenen Gebetshaltungen.

Lass deiner Kreativität freien Lauf. Du kannst auch einen Gebetsteppich dazu zeichnen. Folgendes Bild kannst du als Inspiration nutzen:

Hier spiegelt das Innere des Betenden seine Gebetshaltung.

DIE EINS

Die Eins – eine besondere Zahl.
Merk' sie dir gut und sage: Ja!

Die Eins erzählt vom Einen nur.
Allah heißt Er – ist mit dir Tag und Nacht.
Weiß alles und hat Kraft und Macht.

Er hat kein' Anfang und kein Ende.
Zu Ihm wir heben unsre Hände.
Wir bitten Ihn und danken Ihm.
Und lassen alle Sorgen zieh'n.

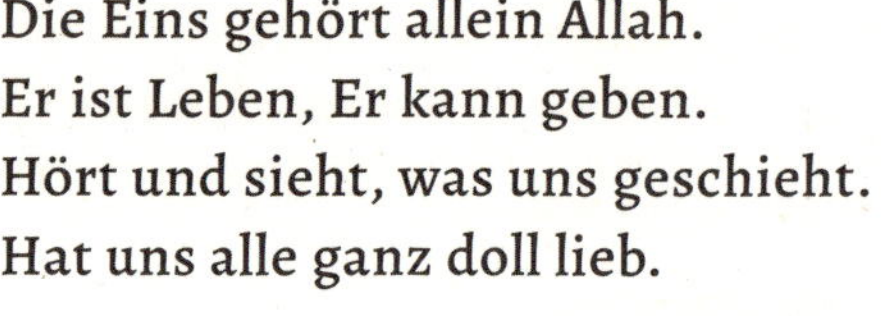

Die Eins gehört allein Allah.
Er ist Leben, Er kann geben.
Hört und sieht, was uns geschieht.
Hat uns alle ganz doll lieb.

Claudia Azizah Seise

ERKLÄRUNG

Das Gedicht spricht wichtige Eigenschaften von Allah an: Seine Einheit, seine Unendlichkeit (ohne Anfang und ohne Ende), Leben, Kraft, Macht, Wissen, seine Fähigkeit, alles zu hören und zu sehen. Gleichzeitig erwähnt das Gedicht einige wichtige Aktivitäten, die unsere Beziehung zu unserem Schöpfer prägen: das Bittgebet, das Danken und das Erhalten von Geschenken von Allah. Doch eine der wichtigsten Merkmale der Beziehung zwischen dem Menschen und Allah ist die Liebe, die im letzten Vers erwähnt wird.

AKTIVITÄT

Lerne das kurze Gedicht auswendig, bis du es wirklich ohne Fehler vortragen kannst. Dann trage es deiner Familie vor. Dafür kannst du eine kurze Einladung basteln: „Einladung für eine Gedichtlesung“. Lass dir mit dem Schreiben von einem Erwachsenen helfen. Gestalte die Einladung mit einem schönen Bild, mit Zeichnungen oder Stickern. Ziehe dir schöne Kleidung an. Lass deine Gäste auf dem Sofa oder auf Stühlen Platz nehmen. Trete nach vorn, vor deine Gäste und trage das Gedicht vor. Vielleicht kann ein Erwachsener auch ein Video von deinem Gedichtvortrag machen. Dann kannst du es dir selbst auch anschauen.

WAS ICH GEBE

Das, was ich gebe,
bleibt mir ja.
Geb ich ein wenig,
bleibt ein wenig,
behalt ich wenig,
bleibt mir viel.

Doch bleibt es nicht
in seiner Form,
nicht wie ich's gab,
bleibt's mir zurück.

Bleibt anders,
unberechenbar.
Vielleicht als Schutz,
vielleicht als Kühle,
vielleicht als Liebenswürdigkeit.
Bleibt stets doch mehr,
als was ich gab.

Layla Kamil Abdulsalam

ERKLÄRUNG

Das Gedicht enthält zwei Hauptaussagen. Die erste beruht auf einem Hadith, in dem der Propheten (Frieden und Segen auf ihm) seine Frau Aischa fragte: „Was ist uns vom Opfertier übrig geblieben?“ Sie antwortete daraufhin, dass sie alles abgegeben hätten, außer dem Schulterblatt. Auf die Antwort seiner Frau erwiderte er dann: „Also, sind uns alle gespendeten Teile übrig geblieben außer dem verbliebenen Schulterblatt, meine liebe Aischa.“ (vgl. Tirmizî, Kiyâma, 33) Der Hadith stellt den echten Besitz als nicht-materiellen Besitz dar. Er wird erst bleibend, wenn man ihn teilt, verschenkt, spendet. Die zweite Aussage hängt damit eng zusammen: Das, was ich von meinem Besitz abgebe, erhalte ich nicht auf die gleiche Weise zurück. Allah in seiner Großzügigkeit vermehrt seinen Wert und gibt es mir auf eine andere Weise im Diesseits und/oder im Jenseits zurück.

AKTIVITÄT

In unserem Alltag kommen oft Situationen vor, in denen wir vor der Wahl stehen, etwas für uns zu behalten oder es mit anderen zu teilen. Überlegt gemeinsam, welche Situationen das in eurem Alltag sind. Denkt dabei nicht nur an das Spenden von Geld.

Versuche in der nächsten Zeit ganz bewusst von dem abzugeben, was du hast. Das muss nicht unbedingt Geld sein, das kann deine Zeit sein, ein Spiel, das du gerne spielst, etwas, das du dir von deinem Taschengeld gekauft hast. Fass die Absicht, es für Allah abzugeben und denke dabei daran, dass das was du abgegeben hast, von Allah gesehen wird und dir immer bleibt.

WILLST DU ERNTEN

Willst du ernten,
musst du säen.

Willst du einen Kürbis ernten,
suche Kürbissamen aus.
Willst du Gurken und Zucchini,
säe ihre Samen aus.

Willst du ernten,
musst du hegen.

Willst du einen Kürbis ernten,
find heraus, worauf er wächst,
braucht er Sonne, Wasser, Dünger,
kümmer dich, dass er's erhält.
Willst du Gurken und Zucchini,
wisse, dass sie breiter wachsen,
gib ihnen genügend Raum,
dass sie auch dann Früchte tragen.

Willst du ernten,
musst du säen.
Willst du ernten,
musst du hegen.
So ist's auch mit unsren Taten.
Radschab ist zum Säen da,
der Schabân zum Hegen da
und danach der Ramadan
ist zum Tatenernten da.

Willst du also Ruhe ernten,
säe auch schon Ruhe aus,
hege sie und pflege sie und
ernte sie im Ramadan.

Willst du also Demut ernten,
fang beizeiten damit an,
deine Stirn vor Gott zu senken
deinen Hochmut zu bedenken.

Willst du also Liebe ernten,
säe sie auf allen Böden,
hege auch die jungen Pflanzen,
manche werden Liebe tragen.

Willst du dein Gemüse ernten,
musst du säen und dich kümmern.
Was im Garten gut gelingt,
gelingt in Herzensgärten auch.

Layla Kamil Abdulsalam

ERKLÄRUNG

Die beiden Monate Radschab und Schabân gelten auch als Vorbereitung auf den Ramadan. Damit man den Ramadan auf die beste Weise nutzen kann, muss man sich vorher vorbereiten. Dafür wird die Metapher des Säens, Gießens und Erntens benutzt. Anschaulich lernen die Kinder es, wenn man dieses Bild bespricht und mit anschaulichen Beispielen benutzt. Hier werden Beispiele aus dem Gemüsegarten genannt, da man dieses später ernten und genießen kann.

AKTIVITÄT

Überlegt euch, was ihr im Ramadan erreichen möchtet und was ihr vorbereiten müsst, damit ihr es erreichen könnt. Wie könnt ihr euch gut auf den Monat Ramadan vorbereiten? Das ist eine Frage an Kinder und Erwachsene und alle haben darauf eine andere Antwort.

Besorgt euch Samen von Kräutern, die ihr gerne esst. Informiert euch, wie viel Licht und Wasser sie brauchen und wie lange es dauert, bis man sie ernten kann. Sät sie aus (das geht auch auf der Fensterbank) und kümmert euch darum, damit ihr die Kräuter bald im Salat oder auf dem Brot essen könnt.

DER RAMADAN KOMMT BEIM FASTEN

Wann kommt der Ramadan?

Er kommt nach dem Schabân,
im neunten Monat.
Er kommt, wenn wir den Neumond sehen.
Er kommt mit Barmherzigkeit.

Er kommt zu mir bei der ersten Dattel, beim ersten Iftar.
Er kommt beim ersten Azân, beim ersten Tarâwîh.
Er kommt, wenn mir der Magen knurrt.
Er kommt, wenn wir den Freunden Ramadan-Grüße schicken.
Er kommt, wenn die Nachbarn das erste Mal Suppe bringen.
Der Ramadan kommt beim Fasten.

Wie lange bleibt der Ramadan?

Er bleibt für einen Monat,
29 oder 30 Tage.
Er bleibt, solange wir den gleichen Mond sehen.
Er bleibt mit Vergebung.

Er bleibt bei mir bei jedem Sahûr, bei jedem Iftar.
Er bleibt beim Mittagsschlaf, bei langen Gebeten.
Er bleibt, wenn ich schon ganz vergesse, dass ich faste.
Er bleibt, solange aus den Zimmern Koran erklingt.
Er bleibt, solange wir gemeinsam das Fasten brechen.
Der Ramadan bleibt beim Fasten.

Wann geht der Ramadan?

Er geht vor dem Fest,
nach den letzten 10 Nächten.
Er geht, wenn wir den neuen Neumond sehen.
Er geht mit Errettung.

Er geht von mir beim Keksebacken, beim Geschenkekaufen.
Er geht beim Verschlafen, beim langsam müde Werden.
Er geht, wenn wir jeden Abend woanders Iftar machen.
Er geht, wenn man jede Suppe schon gegessen hat.
Er geht, wenn alle gemeinsam das Haus schmücken.
Der Ramadan geht nach dem Fasten.

Layla Kamil Abdulsalam

ERKLÄRUNG

Der Ramadan nimmt im Jahresverlauf für Muslime eine besondere Position ein, es gibt Traditionen bzw. Situationen, die sich häufig oder immer wiederholen. Diese Rituale machen das Erleben des Monats zu etwas Besonderem, auf das sich Kinder freuen und woran sie erkennen, dass Zeit (ein Jahr) vergangen ist. Neben ganz klaren „Definitionen", wann der Ramadan ansteht, gibt es auch das individuelle Erleben, das das Ramadan-Gefühl hervorbringt. Darum geht es in diesem Text. Der Ramadan ist auch, was wir darin immer wieder erleben - unser ganzes Leben lang. Als Kinder, als Erwachsene, als alte Menschen. Diese Traditionen hängen davon ab, in welcher Familie wir aufgewachsen sind, in welcher Nachbarschaft, in welchem Land, in welcher Zeit.

AKTIVITÄT

Denkt darüber nach, woran man bei euch merkt, dass der Ramadan kommt, dass er da ist und bald gehen wird. Fragt die Jüngeren und die Älteren, was ihnen auffällt. Schreibt das Gedicht um, indem ihr das einfügt, was zu euch passt.

Wir lieben

Ja Allah, wir lieben Dich.
Ja Allah, wir brauchen Dich.
Ja Allah, komm' steh' uns bei.
Lâ ilâha illallâh.

Ja Prophet, wir lieben Dich.
Ja Prophet, wir folgen Dir.
Ja Prophet, steh' für uns ein.
Lâ ilâha illallâh.

Lâ ilâha illallâh.
Lâ ilâha illallâh.
Lâ ilâha illallâh.
Muhammadur-Rasûlullâh.

Ja Islam, wir lieben dich.
Ja Islam, wir folgen dir.
Ja Islam, wir lernen dich.
Lâ ilâha illallâh.

Ja Koran, wir lieben dich.
Ja Koran, wir lesen dich.
Ja Koran, wir lernen dich.
Lâ ilâha illallâh.

Lâ ilâha illallâh.
Lâ ilâha illallâh.
Lâ ilâha illallâh.
Muhammadur-Rasûlullâh.

Die Gefährten lieben wir.
Den Gefährten folgen wir.
Die Gefährten ehren wir.
Lâ ilâha illallâh.

Ja, die Kaaba lieben wir.
Ja, die Kaaba besuchen wir.
Ja, die Kaaba umrunden wir.
Lâ ilâha illallâh.

Lâ ilâha illallâh.
Lâ ilâha illallâh.
Lâ ilâha illallâh.
Muhammadur-Rasûlullâh.

Ja, Medina lieben wir.
Ja, Medina besuchen wir.
Ja Medina, schenk' uns Ruh'.
Lâ ilâha illallâh.

Ja Allah, wir lieben Dich.
Ja Allah, wir brauchen Dich.
Ja Allah, komm' steh' uns bei.
Lâ ilâha illallâh.

Lâ ilâha illallâh.
Lâ ilâha illallâh.
Lâ ilâha illallâh.
Muhammadur-Rasûlullâh.

Claudia Azizah Seise

ERKLÄRUNG

Das Glaubenszeugnis besteht aus zwei Teilen: dem Zeugnis, dass es keinen Gott gibt außer Allah (Lâ ilâha illallâh) und Muhammad (Frieden und Segen auf ihm) sein Prophet und Gesandter ist (Muhammadur-Rasûlallâh). Dies nennt man Kalimatân, die zwei Worte/ Sätze. Der Gesandte Allahs ist das Vorbild, das wir brauchen, um uns Allah zu nähern. Neben unserer Liebe zu dem Schöpfer des Universums, Allah, und dem Propheten Muhammad (Frieden und Segen auf ihm) fühlen wir auch eine besondere Liebe zu der Religion selbst, dem Koran, den Allah uns durch seinen Propheten Muhammad (Frieden und Segen auf ihm) geoffenbart hat, die Städte, die mit dem heiligen Propheten verbunden sind und seinen getreuen Gefährten, den Sahâbas, die uns laut einem Hadith wie die Sterne sind, denen wir folgen sollen, um recht geleitet zu sein.

AKTIVITÄT

Lest das Gedicht gemeinsam und lernt es auswendig. Den letzten Vers und den Refrain könnt ihr immer gemeinsam lesen oder singen. Dieses Gedicht eignet sich hervorragend, um den Unterricht zu beginnen oder zu beenden.

- Was bedeutet es, Allah um Beistand zu bitten? Wie steht Allah uns im Leben bei?
- Was bedeutet es, dem Propheten Muhammad (Frieden und Segen auf ihm) zu folgen?
- Wie können wir ihm in unserem alltäglichen Leben folgen?

ENGEL

Umgib dich süß mit guten Düften.
Es lädt die Engel ein.
Denke an Allah immer wieder.
Es lädt die Engel ein.

Sitz' im Kreis und lies Koran mit Freunden.
Es lädt die Engel ein.
Sprich gutes Wort und lächle schön.
Es lädt die Engel ein.

Schmücke dein Herz mit guten Taten.
Es lädt die Engel ein.
Sprich ein Duâ, bevor du aus dem Hause gehst.
Es lädt die Engel ein.

Umgib dich süß mit Gottgedenken.
Es lädt die Engel ein.
Sei freundlich auch zur Nachbarin.
Es lädt die Engel ein.

Die Engel - sie umgeben uns,
wir können sie nicht sehen.
Sie bringen Regentropfen.
An unsere Tür sie klopfen,
wenn wir mit Bitten Allah flehen.
Aus Licht hat Allah sie erschaffen,
umgeben uns wie süßer Duft.

Claudia Azizah Seise

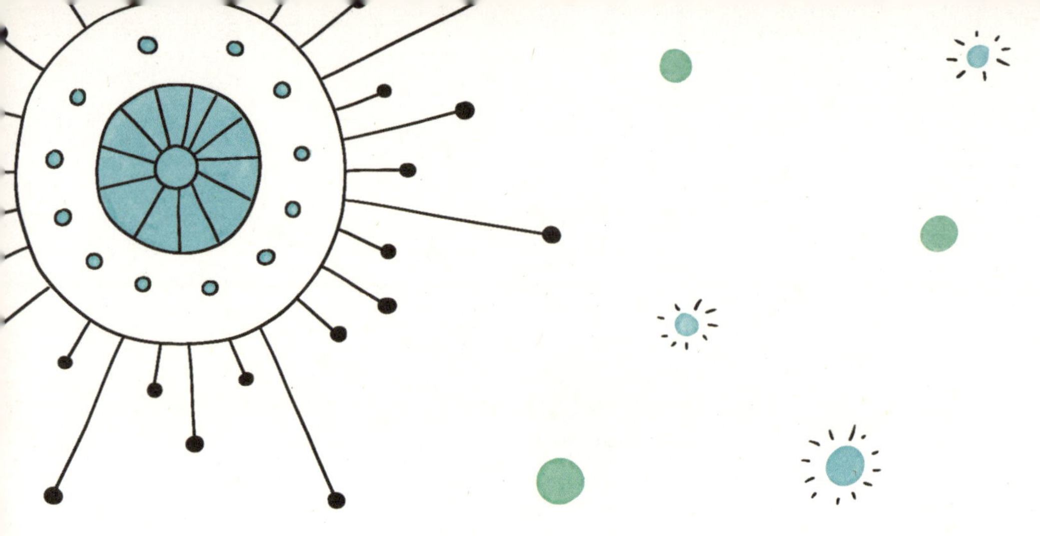

ERKLÄRUNG

Das Gedicht greift die Glaubenssäule an die Engel auf und nennt Aktivitäten, die einen Muslim in die Gemeinschaft der Engel bringen kann. Es gibt diesbezüglich mehrere Überlieferungen, so zum Beispiel von Abû Hurayra und Abû Saîd al-Hudri, dass der Gesandte Allahs (Segen und Frieden auf ihm) sagte: „Wenn eine Gruppe von Menschen sich trifft, um Allah zu gedenken, werden sie von Engeln umhüllt und der Segen Allahs umhüllt sie. Auf sie lässt sich die innere Ruhe herab und Allah lobt diese Menschen bei sich (d.h. bei den Engeln)." (Muslim, Zikr, 38, 39)

Weiterhin werden gute und schlechte Taten von den zwei Engeln Rakîb und Atîd notiert, die einen jeden Muslim begleiten. Und gute Taten laden die Lichtwesen dazu ein, in unserer Gegenwart zu verweilen.

AKTIVITÄT

Zunächst sollten die sechs Glaubenssäulen gemeinsam mit den Kindern wiederholt und die Erinnerung an diese gefestigt werden. Danach kann besprochen werden, welche Engel uns mit Namen bekannt sind? Hier sollte vor allem auf den Offenbarungsengel Dschibrîl eingegangen werden.

Danach kann eine Reflektionsübung folgen und folgende Frage mit den Kindern besprochen werden: Welche Taten habe ich in den letzten drei Tagen gemacht, die Engel in meine Gegenwart eingeladen haben? Wichtig hier ist, dass es natürlich auch andere gute Taten außer denen, die im Gedicht genannt werden, sein können. Zum Beispiel: Ich habe meiner Mama geholfen, die schwere Tasche zu tragen. Ich habe meine Schokolade mit meinem kleinen Bruder geteilt. Ich habe der Lehrerin die Tür aufgehalten. Ich habe mit meiner Familie gemeinsam gebetet und Koran gelesen. Ich habe Lobpreisungen auf den Propheten Muhammad (Frieden und Segen auf ihm) gelesen. Und viele weitere Beispiele können hier aufgezählt werden. Diese Reflektionsübung soll die Kinder motivieren, weiterhin viele gute Taten zu machen und schönes Verhalten, Freundlichkeit, Hilfsbereitschaft und Gottgedenken in ihrem Alltag zu normalisieren.

MIT NORDWIND FLIEGEN

Ein Nordwind, der die Wüste streift,
fliegt mich empor in hohe Höh'n,
ich rüste mich, richte die Haltung,
die äuß're und die innere,
sodass sie Anstand sprechen mag.
Und binde mich, meine Gedanken,
dass sie nicht fernher wandeln, wandern,
sondern zu dir gerichtet sind.

Dann seh' ich Dich,
den Nordwind, der die Wüste streift,
rotes Gewand,
das volle Haar zur Schulter lang.
Niemals sah ich was Schöneres.
Schöne Gestalt verweist auf Schönheit von
Charakter und Betragen hin
Und dies ist selbst ein Abglanz nur
für das, was Du im Herzen trägst:
Geheimnis, das nur Ihm gewahr.
Doch Er, in Seiner großen Gnade,
lässt dir dein Angesicht erstrahlen,
dass wir von diesem Licht erahnen.
Ich seh' dies Licht und seh's gespiegelt,
in jedem, der sich nähert dir.

’s sind Kinder oft,
die dich beschrieben,
so liebevoll detailgetreu,
sie wandten nicht
- wie wir es tun -
den Blick aus Ehrerbietung ab.
Er segne sie und segne ihn,
dass dieses Licht uns heut’ erreicht.

Mit diesem Licht flieg’ ich zurück,
mit Nordwind, der die Wüste streift,
zurück hinab in tief’re Höhen,
doch lande höher, als ich war.

Layla Kamil Abdulsalam

Erklärung

In der muslimischen Literatur gibt es eine Gattung, die sich „Schamâil-Literatur“ nennt und sich mit den Besonderheiten des Propheten Muhammad (Frieden und Segen auf ihm) beschäftigt. Schamâil hat im Arabischen die gleiche Wurzel wie das Wort für „Norden“ und hat im Ursprung die Bedeutung eines kühlen Nordwindes, der über die Wüste kommt. Und wenn er das tut, dann stellten die Menschen ihr Wasser raus, damit es darin abkühlt und zur Erfrischung wird. In dieser Metapher ist also der Gesandte Allahs ein kühlender Wind für die Herzen der Menschen. In diesem Gedicht stellt sich der Sprecher vor, wie er zum Gesandten Allahs (Frieden und Segen auf ihm) getragen wird und ihn erblicken darf. Um ihm den gebührenden Respekt zu zeigen, bereitet er sich am Anfang auf diese Begegnung vor, indem er seine Haltung korrigiert und versucht, sich nur auf den Gesandten Allahs (Frieden und Segen auf ihm) zu konzentrieren. Die Beschreibungen, die dann folgen, sind verschiedenen Überlieferungen über den Gesandten Allahs (Frieden und Segen auf ihm) entnommen.

Aktivität

Das Gedicht beschreibt eine Begegnung mit dem Gesandten Allahs (Frieden und Segen auf ihm). Sie ist voller Licht und Zuneigung und man kann dadurch die Nähe zum Propheten Muhammad (Frieden und Segen auf ihm) fühlen. Jemandem, den man liebt, der aber weit fort ist, kann man einen persönlichen Brief schreiben. Schreibe dem Gesandten Allahs (Frieden und Segen auf ihm) einen persönlichen Brief. Du kannst ihn für dich behalten oder den anderen vorlesen.

Istihâra

Willst du dich entscheiden,
kennst den rechten Pfad noch nicht,
dann sieh dich erst nach Menschen um,
die dir wohlgesonnen raten.

Schau dir auch die Pfade an,
wohin sie führ'n, wen du dort triffst,
was dich erwartet, wenn du dich besinnst.

Und wenn du dann fast alles weißt,
was zu wissen möglich ist,
bete Istihâra und bitte den Allwissenden,
dass Er dich führe und geleite,
dass du den rechten Pfad erwählst.

Wie zeigt er sich, der rechte Pfad?
Mal als klarer Traum,
mal als Gefühl.
Es kommt zu dir Erleichterung,
Erschwernis auf dem falschen Pfad.
Du siehst, wenn du das Herz geöffnet,
am Wegesrande Blumen blüh'n.
Und wenn du folgst
auf diesem Weg,
wird er dich zum Guten führen.
Im Hier, im Jetzt und im Danach!

Layla Kamil Abdulsalam

Erklärung

Das Istihâra-Gebet ist ein Duâ, (siehe unten) das empfohlen ist, wenn eine Entscheidung bevorsteht. Es muss keine besonders große und wichtige Entscheidung sein. Man kann es auch bei kleinen Entscheidungen beten. In diesem Gebet bitten wir Allah darum, uns die richtige Entscheidung nahezulegen und sie zu segnen. Ebenso wichtig ist jedoch auch, sich vorher zu informieren und sich mit vertrauenswürdigen Freunden zu beraten und zu überlegen, was die Konsequenzen aus der Entscheidung sein könnten.

Aktivität

Informiere dich genau, wie das Istihâra-Gebet funktioniert und nimm dir vor, es bei der nächsten Entscheidung zu beten. Das kann auch eine kleine Entscheidung sein. Denn auch kleine Entscheidungen können große Auswirkungen haben.

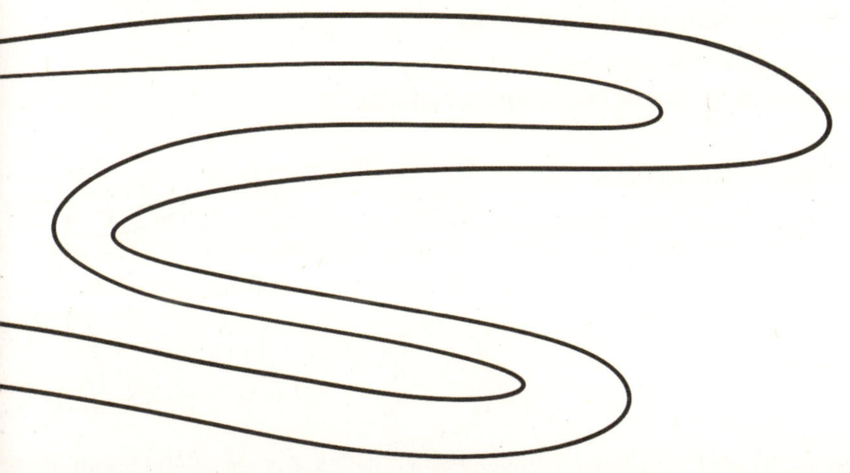

RAT AUCH MIR

Rat auch mir, Umm Salama,
Wie jenen Tags al-Mustafa,
Sie standen bei Hudaybiyya,
Geschlagen schien's, doch siegreich war's.

Rat auch mir, Umm Salama,
Er befahl ihnen zu opfern ja,
Doch keiner tat's - sie standen da.
Was tat er dann, Umm Salama?

Du sahst die Herzen voller Gram,
Es wich die Freud', die Kaaba nah:

„Geh opfer' nur und kürz dein Haar,
Sie folgen dir, wenn sie es sah'n."
Du rietst ihm wahr, Umm Salama,
Sie folgten seinen Taten nach
Aus Liebe zu al-Mustafa.
Was Wort und Hinweis nicht vermag...

Das Vorbild hallt im Herzen nach.
Auch ich, ich folge Gottes Rat,
Wer Rat sich sucht, bereut's nicht danach.

Layla Kamil Abdulsalam

ERKLÄRUNG

Im Jahr 628 n. Chr. beziehungsweise 6 n. H. wurde zwischen dem Stamm der Kuraysch und dem Gemeinwesen Medina – vertreten durch den Propheten Muhammad (Frieden und Segen auf ihm) ein zehnjähriger Friedensvertrag geschlossen, in dem festgeschrieben wurde, dass die Muslime im kommenden Jahr eine Pilgerfahrt machen dürfen. Zuvor war der Gesandte Allahs aus Medina aufgebrochen, um die Umra zu vollziehen. Sie wurden jedoch von den Kuraysch davon abgehalten und es ergaben sich Friedensverhandlungen. Nach dem Friedensvertrag befahl der Gesandte Allahs seinen Gefährten die mitgebrachten Opfertiere zu schlachten, was bedeutete, dass sie den Ihrâm-Zustand endgültig verließen. Sie waren zögerlich dabei, der Anweisung nachzukommen, weil sie die Muslime als mächtiger ansahen. Daraufhin beriet er sich mit seiner Ehefrau Umm Salama, die ihm riet, ihnen einfach ein Vorbild zu sein und selbst damit zu beginnen, sein Opfertier zu schlachten. Dies tat er und die Gefährten folgten ihm darauf.

AKTIVITÄT

Sich mit anderen zu beraten (Istischâra) ist ein wichtiges Mittel, um zu Entscheidungen zu kommen, ebenso wie die Istihâra.

Wenn man sich mit jemandem berät, sollte es eine Person mit genügend Wissen sein und die islamischen Werte teilt. Überlege, wen du bei einer wichtigen Entscheidung fragen würdest und warum sich diese Person dazu eignet.

DEINE NÄHE

Dir näherzukommen,
das ist unser Ziel.
Es bedeutet uns sehr viel.

Deine Nähe zu spüren,
ist, was uns belebt,
so dass unser Herz erbebt.

Die Gelehrten sprechen von fünf Sachen,
die, wenn wir sie machen,
das Herz bewegen,
und mit sich bringen göttlichen Segen.

Sie vermögen zu heilen
den Schmerz,
der krank macht das Herz.
Und an die Welt uns kettet
mit Seilen.

Dir näherzukommen,
das ist unser Ziel,
es bedeutet uns sehr viel.

Das erste Heilmittel
Für das kranke Herz
Ist Gottes Buch zu lesen,
Es bringt Licht in unser Wesen.

Das zweite Heilmittel
Ist sich zu erheben in der Nacht,
wenn alles schläft,
um zu fühlen Gottes Macht.

Die Nähe zu suchen
Gottesfürchtiger Leute
Ist das dritte Heilmittel
Und ein wahrer Segen heute.

Dir näherzukommen,
das ist unser Ziel,
es bedeutet uns sehr viel.

Das vierte Heilmittel ist
Sich dem Essen zu enthalten
Und im Hunger und Dursten
Mehr Weisheit zu erhalten.

Das fünfte Heilmittel ist
Das Gottgedenken selbst
Des Nachts – allein mit Gott
Nimmt es die Liebe zur Welt hinfort.

Dir näherzukommen,
das ist unser Ziel,
es bedeutet uns sehr viel.

Eines der fünf Mittel,
Befolgt in guter Weise
Wird, so Gott will,
Früchte tragen für die bevorstehende Reise.

Deine Nähe zu finden
Ist das Ziel,
es bedeutet uns sehr viel.

Claudia Azizah Seise

AKTIVITÄT

Reflektiere über die fünf Heilmittel, die in dem Gedicht genannt sind. Worauf bezieht sich jedes einzelne genau? Mit welchen Handlungen kannst du Allah noch näher kommen? Überlege dir drei weitere und versuche danach zu handeln.

Ihre Nähe

Du legtest es uns tief ins Herz,
die Kleinen - ohne Schutz - zu hegen,
die pausen Wangen zu liebkosen,
die Arme weit zu öffnen, sie zu schmusen,
was wir vermögen zu ihrem Wohl zu geben.
In ihnen seh'n wir Hoffnung wachsen
und unser eigen Bild die Zukunft formen,
erweichen unser hartes Herz
mit einem schalken Blick,
mit einem süßen Wort.

Du legtest es uns nah ans Herz,
die Alten - ohne Schutz - zu pflegen,
die fahlen Wangen sanft zu kosen,
die Arme weit zu öffnen, sie zu trösten,
was wir vermögen zu ihrem Wohl zu geben.
In ihnen seh'n wir unsre Hoffnung welken
und unser eigen Bild die Welt verlassen.
Es wird uns bang ums Herz
bei dem gebrochnen Blick,
bei manchem sinnentleerten Wort.
Und weil wir seh'n auf kurze Sicht,
legst du uns ihre Nähe nahe,
erwähnst sie mehrfach prominent
in deinem Buch,
in dem, was vorgetragen!

Layla Kamil Abdulsalam

ERKLÄRUNG

Es liegt in der Natur des Menschen, sich um Kinder zu kümmern. Allah legte uns dieses Bedürfnis ins Herz. Danach zu handeln ist eine gute Tat, da jede Freundlichkeit eine gute Tat ist. Die Freundlichkeit alten Menschen gegenüber wird mehrmals im Koran erwähnt.

AKTIVITÄT

- Nimm dir vor, alte Menschen in deiner Umgebung in der nächsten Zeit besonders gut zu behandeln.
- Gibt es in der Nachbarschaft jemanden, der allein ist und Hilfe benötigt?
- Frag nach, ob du für ihn/sie Aufgaben übernehmen kannst.
- Hast du Großeltern in deiner Nähe? Nimm dir Zeit, sie zu besuchen und kümmere dich um sie. Bring ihnen etwas mit, das ihnen Freude macht.

ALLAH IST NAH

Allah ist nah,
weil Er mir seine Gesandten schickt.
Und im edlen Koran zu mir spricht.
Allah ist nah,
weil Er mein Gutes vermehrt
und mich Seine Namen lehrt.
Allah ist nah
in Seiner Gnade mit mir.
Allah ist nah.
Ihm gebührt das Lob.
Allah ist nah.

Allah ist mir nah,
wenn ich im Duâ mit Ihm spreche
und Seine Barmherzigkeit lobe.
Allah ist mir nah,
wenn ich im Gebet stehe
und die Stirn auf den Boden lege.
Allah ist mir nah,
wenn ich mit Seinem Namen beginne
und der Welt Sein Lob singe.
Allah ist mir näher,
wenn ich mich Ihm nähere.
Allah ist mir nah.

Layla Kamil Abdulsalam

ERKLÄRUNG

Allah, der Erhabene spricht im Koran sinngemäß: „Und wahrlich, wir erschufen den Menschen, und wir wissen, was er in seinem Innern hegt; und wir sind ihm näher als seine Halsschlagader." (50:16). Ein Mensch drückt seine Zuneigung zum Beispiel dadurch aus, dass er sich um jemanden kümmert. Allah drückte seine Liebe dadurch aus, dass er uns den Propheten Muhammad (s) schickte. Er schickte uns denjenigen, den er liebt und als „Barmherzigkeit für die Welten" bezeichnete. Durch ihn vermittelte er uns den Koran, sein Wort. Dieser Koran hilft ist uns, zwischen wahr und falsch und schön und hässlich zu unterscheiden. Allah sandte ihn uns, damit wir Nutzen daraus ziehen und drückt dadurch seine Nähe uns gegenüber aus. Er sandte uns Mittel, damit wir uns zurechtfinden auf unserem Lebensweg. Wenn wir sagen, jemand ist Allah nah, meinen wir damit seine Gnade und Barmherzigkeit. Wenn wir Menschen z.B. beten, Allah lobpreisen oder Duâ machen, so nähern wir uns Allah, d.h. seiner Gnade und Barmherzigkeit. Das ist mit Nähe in diesem Gedicht gemeint.

AKTIVITÄT

Überlegt, wann ihr fühlt, dass Allah euch nah ist, euch beschützt. Überlegt, was ihr tun könnt, wenn ihr euch Allah fern fühlt.

Sammelt weitere Ideen wie in Strophe drei.

EIN GESCHENK VON IHM

Steh' in Richtung Seines Hauses
ruhig, still, in Andacht tief.
Neig' dich nieder
vor Seiner Größe,
Schönheit,
Majestät,
Barmherzigkeit.
Leg' die Stirne nieder
berühr' den Boden,
hart und kühl
und lass in deiner Niederwerfung
fliegen dein Herz
zu Ihm.
Dann wirst du fühlen
Sein Geschenk
in diesem tiefsten Moment
das Er dem Hochgelobten gab
möge Frieden und Segen mit ihm sein
und allen, die ihm folgen.

Das besondere Geschenk
ist das tägliche Gebet
fünfmal
gen Mekka
dem Hause Gottes
dem heiligen Bezirk.
Erhalten hat es
der Hochgelobte
in einer Nacht
besonders,

ja,
außergewöhnlich
war diese Nacht.

In Trauer und Verzweiflung
ging er zu Gottes Haus
um Frieden zu finden
und Ruhe.
Kam der Engel
und führte mit sich
ein zauberhaftes Reittier
mit Flügeln,
schnell,
mit einem Schritt
den Horizont erreichte es.
Burak
ein Tier des Paradieses.
Trug es den Hochgelobten
nach Jerusalem,
wo er nach dem Gebet
sogleich begann den Aufstieg
in die sieben Himmel.

Ganz hochdroben
am Lotusbaum
ging er alleine weiter
zu sprechen seinen Herrn
zu empfangen das besondere Geschenk.

Fünf tägliche Gebete.
Das erste gleich
am frühen Morgen,
wenn draußen alles still

und schweigt.
Das zweite,
wenn die Sonne
ihren Höchststand überwunden.
Das Tageswerk
eine Pause macht.
Das dritte,
wenn sie sich im Westen neigt,
langsam
ihrem Untergang entgegen.
Das vierte Gebet,
wenn rot lichtet das Firmament
und sie verschwunden
hinterm Horizont.
Das letzte,
ja das fünfte,
wenn dunkel,
kühl
der Himmel mutet an.
Ist Ruhe eingekehrt
Sterne schmücken
den Nachthimmel an.

Wenn du sie verrichtest
die fünf Gebete
zählen sie mal zehn
als stündest du
von früh bis spät
nur im Gebet.

Steh' in Richtung
Seines Hauses
weil's ein Geschenk ist
ganz für dich.
Neig' dich nieder
vor Seiner Größe,
Freigebigkeit
und Liebe,
weil's ein Geschenk ist
nur für dich.
Leg' die Stirn hernieder,
berühr' den Boden,
weil's ein Geschenk ist,
für dich.
Vom Herrn der Welten
von deinem Herrn.

Lass fliegen dein Herz
Ihm zu.

Claudia Azizah Seise

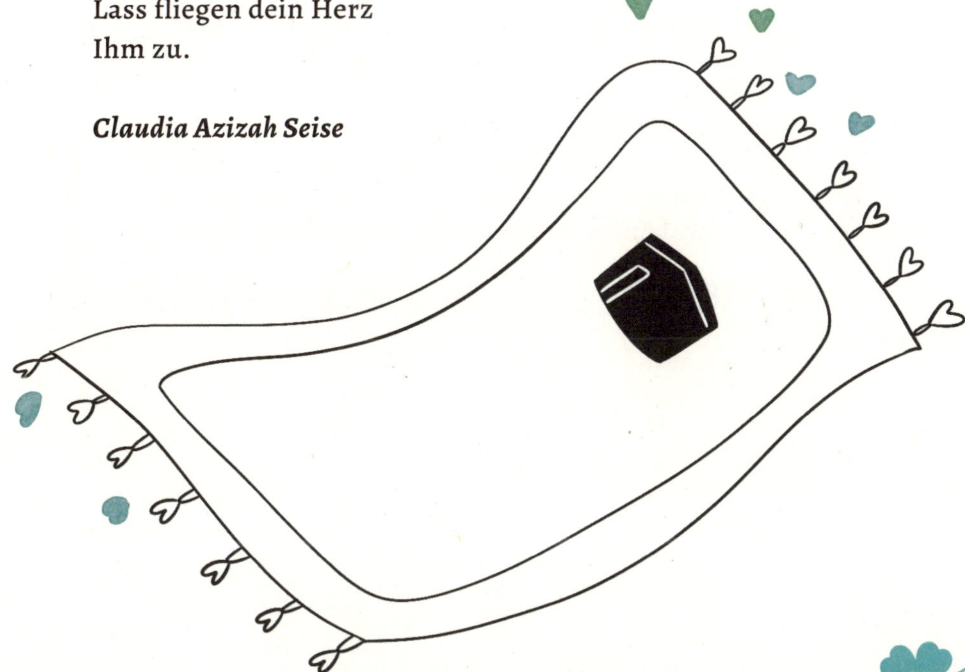

ERKLÄRUNG

Fühlst auch du, dass das tägliche fünfmalige Gebet ein Geschenk ist von Allah für dich? Wenn ja, was macht es für dich zu einem Geschenk? Wenn nein, warum nicht? Versuche dein Gebet als Geschenk zu fühlen, indem du dich während des Gebets vollkommen auf Allah konzentrierst. Versuche zu spüren, was es bedeutet, wenn du sagst: Allâhu akbar (Allah ist der Größte und seine Größe kann mit nichts verglichen werden). Halte dir vor Augen, dass Allah größer ist als jede deiner Sorgen und Probleme. Versuche vor allem in deiner Niederwerfung (Sadschda), die Nähe zu Allah zu spüren. Verweile in deiner Niederwerfung so lange, bis du merkst, dass du dich Allah nahe fühlst. Das kann vielleicht zwei oder fünf Minuten dauern, vielleicht auch zehn. Aber du wirst merken, dass dein Gebet danach nicht mehr das gleiche ist. Du wirst dich Allah näher fühlen im Gebet. Versuche, diese Übung jeden Tag mindestens einmal zu machen. Dein Gebet wird so für dich wirklich zu einem Geschenk, weil du dich deinem Schöpfer näher und näher fühlst.

HÖR' AUF MICH

Hör' auf mich.
Wenn ich gut bin,
mach' ich dein ganzes Wesen gut.
Doch wenn ich schlecht bin,
so wird dein ganzes Sein schlecht.

Hör' auf mich.
Ich neige mich dem Guten zu.
Dem schönen Wort,
der guten Tat,
dem Gottgedenken.

Hör' auf mich.
Bewahre mich vor Hass und Neid.
Lass sie nicht wachsen.
Lass auch den Argwohn nicht hinein.
Verdunkeln mich,
mit schwarzen Flecken.

Hör' auf mich.
Verschönere mich,
mit Treue, Ehrlichkeit und Edelmut,
mit Mitgefühl, Barmherzigkeit.
Schmücke mich,
mit schönen Gedanken und wahren Gefühlen.

Hör' auf mich.
Öffne mich dem Lichte Gottes,
nicht mit Hochmut,
Falschheit,

Gier und Neid.
Jedoch mit Wohlwollen und Freude
für andere.
Ziere mich mit Demut.

Hör' auf mich.
Ich bin dein Herz.

Claudia Azizah Seise

Erklärung

Dieses lehrende Dinggedicht basiert auf folgendem Teil eines Hadith unseres Propheten Muhammad (Frieden und Segen auf ihm): „Wahrlich, im Körper befindet sich ein Stück Fleisch. Wenn dieses gut ist, so wird der gesamte Körper gut. Doch wenn dieses schlecht ist, so verdirbt es den ganzen Körper. Dieses ist das Herz.“ (Buhârî, Îmân, 39)

Was ist ein Dinggedicht?

Als Dinggedicht wird eine Gedichtform bezeichnet. Es rückt ein Objekt in den Mittelpunkt und wird aus dessen Perspektive geschrieben. Der Gedichttypus hat das Ziel, das Wesen des Dings aus dessen Sicht nachzubilden, als würde eben dieses Objekt über sich selbst sprechen. Dinge sind hier Objekte, die normalerweise keine eigene, für uns Menschen, hörbar sprechende und für uns Menschen verständliche Stimme haben. So können Dinggedichte die Sicht eines tatsächlichen Dings (Gegenstand, Kunstwerk etc.) zeigen, aber eben auch die von Lebewesen (Pflanzen, Tiere etc.). Ein bekanntes Beispiel ist Der Panther von Rilke.

Aktivität

Welche Eigenschaften wählst du für dein Herz? Male ein Herz und schreibe die Wörter hinein. Warum hast du dich für diese Wörter entschieden?

eifersüchtig, lieb, hilfsbereit, neidisch, faul, feige, geduldig, nett, freundlich, böse, mutig, gierig, zufrieden, treu, ehrlich, verlogen, treulos, unehrlich, fleißig, wütend, verständnisvoll

GAST SEIN

O liebe Schwester, lieber Bruder,
sei heute unser Gast.
Teil' unser Essen, sprich mit uns
und finde bei uns Rast.

Mit frohem Lächeln öffnen wir
die Tür, so tritt schnell ein.
Die Herzen möchten wir verbinden,
drum laden wir dich ein.

Gern geben wir von dem,
was Allah uns geschenkt.
Und wissen, dass nur Er
die Gäste zu uns lenkt.

Ein Licht bringst du in unser Haus,
es schimmert gold, mit Engelsduft.
Dein Kommen bereitet Augenschmaus,
bereinigst schlechte Luft.

O lieber Bruder, liebe Schwester,
sei unser Gast - tritt ein, tritt ein.
Wir wollen Herzen bauen,
möge ar-Razzâk zufrieden mit uns sein.

Claudia Azizah Seise

ERKLÄRUNG

Gastfreundschaft wird im Islam sehr großgeschrieben und ist ein inhärenter Bestandteil der verschiedenen muslimischen Kulturen. Das Ehren des Gastes gehört zu den Eigenschaften, mit denen sich die Propheten schmückten. Es gibt zahlreiche authentische Überlieferungen unseres Propheten Muhammad (Frieden und Segen auf ihm), die über die Wichtigkeit der Gastfreundschaft berichten. Unter anderem folgender Hadith:

„Wer an Allah und den Jüngsten Tag glaubt, der soll seinem Gast Gastfreundschaft in gebührender Weise erweisen."
(Buhârî, Adab, 31)

Auch sagte der Prophet, dass der Gast ein Recht über dich hat. Unseren Kindern die Schönheit der Gastfreundschaft zu lehren ist in den heutigen Zeiten, wo Individualismus und Egoismus immer zunehmen, von enormer Wichtigkeit.

Ar-Razzâk ist einer der 99 schönen Namen Allahs und beinhaltet unter anderem Allahs Eigenschaft des Versorgers mit unserem Lebensunterhalt, Nahrung, Gesundheit, Wissen.

AKTIVITÄT

Gestaltet ein interessantes Poster mit diesem Gedicht, das ihr zum Beispiel in eurem Wohnzimmer aufhängen könnt. Denkt daran, eine schöne Schrift zu nutzen, ordentlich zu schreiben und die Rechtschreibung genau zu beachten. Gerne könnt ihr Sterne, Monde, Glitzer oder auch passende Sticker oder Zeichnungen hinzufügen.

DIE BESTE DER NÄCHTE – DER BESTE DER TAGE

Es versteckt sich die beste der Nächte im Monat
des Fastens, des Betens, Gedenkens und Lesens,
wir wissen von ihr, doch wir sollen sie suchen
in den ung'raden Nächten, im letzteren Drittel.

Darin ist Frieden bis der Morgen ergraue,
Segen und Engel, die nach uns schauen,
Der Engel steigt zu uns herab,
eine Nacht wie zehntausende, wertvoll und rar.

Eine Nacht, die den letzten Propheten ergriff,
ihn beengte und drängte und daraufhin wies.
Eine Nacht, die in die Ewigkeit strahlt,
mit dem Worte des Einen, das den Menschen erweckt.

Es liegt klar und sichtbar der beste der Tage,
des Bittens, des Flehens, des Stehens vor Allah.
Er ist von der Säule des Pilgerns die Stütze,
verpasst du ihn dort, ist der Rest dir nicht nütze.

Ein Tag, der einst den Propheten antraf,
die Vollendung seines Dienstes versprach.
Wer nicht in der Ebene Arafa steht,
der soll fasten, auf dass Allah ihm vergibt.

Errettet werden an diesem Tage
mehr als an allen anderen Jahrestagen.

Herab strömt Allahs Gnade zum Himmel der Erde
Gesegnet die Diener, voll Lob vor den Engeln.

Ihr Licht ist im Dunkel des schwindenden Mondes,
umgeben von fastenden Tagen, Belohnung.
Sein Licht erlischt zum Abendrot,
es erscheint darauf ein wachsender Mond.
Benachbart von Fasten sind beide Geweihte,
es erhöht unser Wesen und bestärkt unsre Weisheit.
Allah der Erhabene schuf solche Tage
und Nächte als Anlass, uns zu Ihm zu wenden.

Layla Kamil Abdulsalam

ERKLÄRUNG

Die Kadr-Nacht und der Tag von Arafa werden als beste Nacht und bester Tag bezeichnet. Sie bilden Höhepunkte im islamischen Jahr und sind beide mit vielen Gottesdiensten verbunden.

AKTIVITÄT

Gestaltet ein Bild, auf dem man den Tag und die Nacht sieht und schreibt darüber die Namen der besonderen Nacht/dem besonderen Tag.

ICH MÖCHTE VON DIR LERNEN

Ich möchte Hingabe
von dir lernen.
Hingabe
Die ganze Nacht Ihn zu preisen.
Hingabe
Nur wenige,
die deinen Gesang bewundern.
Singst uns im Schlaf
was vor.

Ich möchte Ausdauer
von dir lernen.
Ausdauer
Du ermüdest nicht,
singst keine Note falsch,
um Ihn zu lobzupreisen.
Kaum jemand bewundert dich des Nachts.
Singst uns im Schlaf
was vor.

Ich möchte von dir Gottesnähe lernen.
Denn,
wenn alles schläft,
Singst du.
Nur Gott hört dich und sieht.
Weiß um deine Mühe.
Nachtigall.

Claudia Azizah Seise

AKTIVITÄT

Von welchem Tier kannst du oder möchtest du etwas lernen und so deine Beziehung zu Allah stärken?

EIN LEHRER

Such' dir einen guten Lehrer aus,
bei dem du lernst tagein, tagaus.
Der YouTube-Scheich, der reicht ja nicht.
Auch dem TikTok-Ustad fehlt Gewicht.

Und denk' ja nicht, du kannst es lernen
allein im stillen Kämmerlein.

Es muss auch nicht ein Lehrer sein.
Frau Lehrerin ist auch ganz fein.
Solange sie das Wissen haben.
Die Augen sich an Wohlbenehmen laben.
Sie beide können dir erklären
nicht nur halal, nicht nur haram.

Doch wie du Allah kannst recht ehren
und anbeten – dein' Glauben wirklich tief erfahren.
Zu lernen wie dein Herz bewahren
vor Krankheiten der Seele und Gefahren.

Und denk' ja nicht, du kannst es lernen
allein im stillen Kämmerlein.

Dein Lehrer soll dir Vorbild sein,
wie du dein Herz kannst halten rein.
Zu einem besseren Menschen wirst.
Erfolgreich sein in diesem und im nächsten Ort.

Vergiss dabei auch nicht die Kette,
in der dein Lehrer stehen sollte.
Auch er kann Wissen nicht allein erwerben.
Lernte von vielen anderen Lehrern.

Hast du den rechten Lehrer nun gefunden.
Halt fest, lern fleißig, lass dein Herz gesunden.

Claudia Azizah Seise

ERKLÄRUNG

Islam sollte am besten mit einem ausgebildeten und zertifizierten Islamgelehrten (Mann oder Frau) gelernt werden. Um die Religion tief zu verstehen und richtig zu praktizieren, reicht es nicht, YouTube oder TikTok-Videos zu schauen. Auch reicht es nicht, sich ohne Lehrer der Lektüre von islamischer Literatur zu widmen und zu versuchen, alleine zu verstehen. Wie bei anderen Aktivitäten auch, braucht der Muslim/die Muslimin einen lebenden Lehrer/eine lebende Lehrerin, von dem er/sie nicht nur Wissen, sondern auch die Anwendung des Wissens und das gute Benehmen lernt.

Traditionell lernt der Gläubige mit einem Lehrer/einer Lehrerin, die selbst von Gelehrten lernten, die ihrerseits in einer ununterbrochenen Kette von Gelehrten und Wissensüberlieferern stehen. Diese Kette, genannt Silsila, geht idealerweise bis zurück zu unserem geliebten Propheten Muhammad (Frieden und Segen auf ihm). In dieser Kette sind hunderte, tausende andere Gelehrte, die die Religion lehrten und vermittelten.

Dabei ist es wichtig zu verstehen, dass sich wahres Wissen auch in dem guten Benehmen und dem Verhalten des Lehrers/der Lehrerin widerspiegelt. Zum Beispiel: Ein Lehrer, der dir beibringt, dass Rauchen nicht erlaubt ist, aber nach der Schule selbst raucht, hat das Wissen noch nicht verinnerlicht. Das Wissen, dass Rauchen nicht erlaubt ist, spiegelt sich noch nicht in seinem Benehmen wider. Ein anderes Beispiel ist, wenn der Lehrer/die Lehrerin erklärt, dass lästern und schlecht über andere Menschen zu reden eine Sünde ist, die wir unterlassen sollen, selbst jedoch öffentlich über andere lästert.

AKTIVITÄT

Welche muslimischen Gelehrten kennst du? Schreibe einen biographischen Text zu deinem Lieblingsgelehrten. Das kann eine Frau oder ein Mann sein.

Alternativ kannst du auch einen biographischen Text über die Begründer der vier islamischen Rechtsschulen schreiben (Imam Abû Hanîfa, Imam Schâfiî, Imam Mâlik und Imam Ahmad ibn Hanbal).

ÜBER DIE AUTORINNEN

Claudia Seise schreibt seit ihrem 10. Lebensjahr Lyrik und seit ihrer Konversion zum Islam 2008 auch spirituelle Lyrik, die den Glauben und Gott in den Fokus rücken. Ihre erste Lyrikanthologie ist 2020 unter dem Titel „Wandelndes Sein“ bei Promosaik Verlag erschienen. Ihre Lyrikanthologien „Hommage an die Mutter des Südens: eine lyrische Reise nach Java, Indonesien“ und „Auserwählt und Eingeladen: eine lyrische Reise nach Mekka und Medina“ sind im Astrolab Verlag erschienen. Viele ihrer Gedichte sind inspiriert durch ihre eigenen Kinder. Sie ist promovierte Südostasienwissenschaftlerin und hat mehrjährige Forschungs- und Lehrerfahrung in Indonesien und Malaysia.

Layla Kamil Abdulsalam ist ausgebildete Lehrerin für Deutsch und Mathematik und arbeitet außerdem in der LehrerInnenfortbildung für sprachbewussten Unterricht. Sie hat schon mehrere Bilderbücher veröffentlicht, die sich vor allem an muslimische Familien richten. Die meisten Kinderbuchtexte sind in poetischer Form verfasst. Hierfür entwickelt sie Materialien und Ideen, wie Kinder interaktiv mit den Büchern weiterarbeiten können. Innerhalb eines Projektes hat sie Unterrichtsmaterial für die Sekundarstufe I und II zu muslimischer Poesie erstellt.